발전한어
发展汉语
DEVELOPING CHINESE

읽기·쓰기
초급 1

북경어언대학출판사 편

원제 发展汉语(第二版)_初级读写(Ⅰ)
편저 李泉, 王淑红, 么书君
번역 주재진

다락원

들어가는 말

발전 한어 시리즈

『발전 한어』 시리즈는 중국어 교재 베스트셀러로 꾸준한 사랑을 받아 온 북경어언대학출판사의 대표 대외 한어 시리즈인 『发展汉语(第二版)』의 한국어판이다.

중국 정부에서는 『发展汉语(第二版)』를 '普通高等教育〈十一五〉国家级规划教材'의 하나로 선정하여 대내외적으로 널리 홍보한 바 있다. 북경어언대학출판사에서는 양질의 대외 한어 교재를 위해 '发展汉语教材编写委员会' 및 '发展汉语教材编辑委员会'를 특별히 구성하여 다양한 내용과 창의적인 구성으로 단순한 중국어 학습뿐 아니라, 역사와 문화 등 중국의 전반적인 생활을 학습할 수 있는 본 시리즈를 출간하였고, 다락원은 이 『发展汉语(第二版)』를 한국 내 학습자의 수요에 맞춰 기존 중국어 분야별 시리즈와는 차별화하여 기초 학습자부터 시작할 수 있는 난도의 시리즈로 대학 및 학원에서 널리 쓰일 수 있게 출간하게 되었다.

듣기·말하기·읽기·쓰기 네 분야가 수준별로 출간되어 수업 내용에 따라 채택할 수 있으며, 듣기·독해·쓰기의 세 분야로 출제되는 新HSK와도 밀접하게 연계하여 학습할 수 있다. 『발전 한어』 시리즈는 다음과 같이 **듣기 4종**[듣기 초급 1, 듣기 초급 2, 듣기 중급 1, 듣기 중급 2], **말하기 4종**[말하기 초급 1, 말하기 초급 2, 말하기 중급 1, 말하기 중급 2], **읽기·쓰기 3종**[읽기·쓰기 초급 1, 읽기·쓰기 초급 2, 읽기·쓰기 중급]의 총 11권으로 출간된다.

	중국어판	한국어판
듣기	发展汉语(第二版)_初级听力(I)	발전 한어 듣기 초급 1 발전 한어 듣기 초급 2
	发展汉语(第二版)_初级听力(II)	발전 한어 듣기 중급 1 발전 한어 듣기 중급 2
말하기	发展汉语(第二版)_初级口语(I)	발전 한어 말하기 초급 1 발전 한어 말하기 초급 2
	发展汉语(第二版)_初级口语(II)	발전 한어 말하기 중급 1 발전 한어 말하기 중급 2
읽기·쓰기	发展汉语(第二版)_初级读写(I) 发展汉语(第二版)_初级读写(II)	발전 한어 읽기·쓰기 초급 1 발전 한어 읽기·쓰기 초급 2 발전 한어 읽기·쓰기 중급

체계적으로 출간되는 분야별 교재 시리즈인 『발전 한어』 시리즈로, 앞으로 많은 중국어 학습자들이 중국어 실력을 한 단계 한 단계 탄탄하게 쌓아가길 바란다.

다락원 중국어 출판부

차례

들어가는 말　　3
차례　　4
이 책의 구성과 특징　　6
일러두기　　8

01 你好！　10
Nǐ hǎo! 안녕하세요!

02 谢谢你！　16
Xièxie nǐ! 고마워요!

03 老师是个中国人。　22
Lǎoshī shì ge Zhōngguó rén. 선생님은 중국인입니다.

04 写汉字，读课文。　28
Xiě Hànzì, dú kèwén. 한자를 쓰고, 본문을 읽어요.

05 认识你很高兴。　34
Rènshi nǐ hěn gāoxìng. 당신을 알게 되어 기뻐요.

06 来中国，学汉语。 42
Lái Zhōngguó, xué Hànyǔ. 중국에 와서 중국어를 배워요.

07 从山东到山西。 50
Cóng Shāndōng dào Shānxī. 산둥에서 산시까지.

08 大家都是地球人。 58
Dàjiā dōu shì dìqiú rén. 모두 다 지구인입니다.

09 我学汉语，我写汉字。 66
Wǒ xué Hànyǔ, wǒ xiě Hànzì. 나는 중국어를 배우고, 한자를 씁니다.

10 很忙，很累，很快乐。 76
Hěn máng, hěn lèi, hěn kuàilè. 바쁘고, 피곤하고, 즐거워요.

모범답안·해석 85

이 책의 구성과 특징

발전 한어 읽기·쓰기 초급

『발전 한어 읽기·쓰기 초급』은 이제 막 중국어를 배우기 시작한 기초~초급 학습자를 대상으로 한 읽기·쓰기 교재로 『발전 한어 읽기·쓰기 초급 1』, 『발전 한어 읽기·쓰기 초급 2』의 두 권으로 출간된다.

『발전 한어 읽기·쓰기 초급 1』의 1~10과는 기초 학습자가 활용도 높은 글자(字)와 실용 단어(词)를 익히고, 기본 문형으로 이루어진 짧은 문장(句)을 암기·모방해 응용하면서 매 과의 학습 내용을 완전히 소화할 수 있게끔 구성되어 있다. 『발전 한어 읽기·쓰기 초급 2』는 1~5과가 『발전 한어 읽기·쓰기 초급 1』과 동일한 구성이고, 6~10과는 보다 풍부한 표현과 문형을 다루어 읽기·쓰기 심화 훈련이 가능한 구성이다. 이렇게 『발전 한어 읽기·쓰기 초급』 학습을 마치고 나면 읽고 쓰는 데에 기본이 되는 문형과 300~600개 이상의 단어를 익히게 되어 新HSK 2~3급 정도의 실력을 쌓게 된다.

각 과의 학습은 '읽기 훈련 → 쓰기 훈련 → 실용 단어·표현 읽기 → 실전 읽기·쓰기 연습' 순서로 체계적으로 진행된다.

읽기 훈련

매 과마다 제시된 2~3개의 본문을 통해 읽기 훈련을 한다. 재미있는 삽화를 함께 제시해 본문 내용의 이해를 도왔고, 본문 하단에는 기억해 둬야 할 새 단어를 정리했다. 모든 본문은 정확한 발음과 자연스러운 끊어 읽기가 완전히 습득될 때까지 소리 내어 읽고, 통으로 암기하는 것이 좋다.

쓰기 훈련

매 과마다 7~8개의 핵심 한자 쓰기 훈련을 한다. 제시된 한자를 쓸 때는 올바른 필순에 따라 정확하게 쓰고, 각 글자의 발음과 뜻은 잘 기억해 두도록 한다.

실용 단어·표현 읽기

실제 중국에서 쉽게 접할 수 있는 각종 공공 표지, 안내문 등을 읽고 이해하는 코너이다. 관련 사진과 일러스트를 함께 제시해 보다 실용적이고 생동감 있는 읽기 학습을 진행할 수 있다.

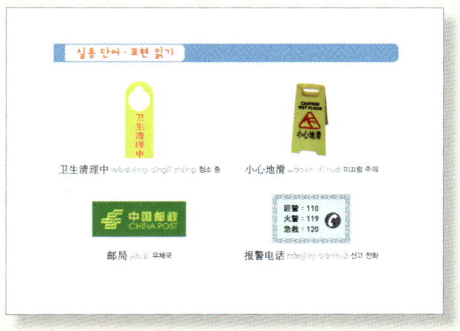

실전 읽기·쓰기 연습 (Ⅰ·Ⅱ)

각 과에서 배운 내용을 복습하고, 핵심 어법 및 단어·표현을 추가로 익힐 수 있는 다양한 연습 문제와 과제가 제시된다. 종합적이고 집중적인 읽기·쓰기 연습이 이루어지며, 新HSK를 본뜬 다량의 문제들이 실제 시험 준비에도 도움을 준다.

부록 모범답안·해석

각 과의 '읽기 훈련'에 대한 해석과 '실전 읽기·쓰기 연습'에 대한 모범답안·해석이다. 모범답안에는 각 문제마다 활용된 단어들의 한어병음과 뜻이 정리되어 학습자의 편의를 돕는다.

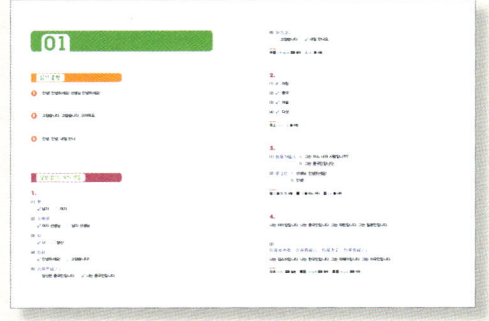

MP3 파일 무료 다운로드

교재 내 '읽기 훈련'의 본문 내용을 담은 MP3 파일을 **다락원 홈페이지(www.darakwon.co.kr)**의 **'학습자료실'**에서 무료 제공한다. 기초 수준의 학습자가 정확한 발음으로 읽기 훈련할 수 있도록 원어민 성우가 조금 천천히, 또박또박 발음했다.

일러두기

▶ 이 책의 고유명사 표기는 다음과 같다.

❶ 중국의 지명은 중국어 발음을 한국어로 표기했다.
   예) 北京 베이징   上海 상하이   山东 산둥

❷ 중국인을 포함한 외국인의 이름은 모두 중국어 발음을 기준으로 표기하고, 한국인의 이름은 한국어 발음으로 표기했다.
   예) 李大民 (중국인) 리따민   大卫 (미국인) 따웨이   金小美 (한국인) 김소미

▶ 중국어의 품사는 다음과 같은 약어로 표기했다.

명사/고유명사	명/고유	양사	양
대사	대	개사	개
동사	동	접속사	접
조동사	조동	감탄사	감
형용사	형	조사	조
부사	부	접두사	접두
수사	수	접미사	접미

01 你好!
Nǐ hǎo!
안녕하세요!

읽기 훈련

❶

你好！您好！老师好！
Nǐ hǎo! Nín hǎo! Lǎoshī hǎo!

새 단어 你 nǐ 때 너, 당신 · 好 hǎo 형 좋다, 괜찮다, 건강하다 · 您 nín 때 당신['你'의 존칭]
老师 lǎoshī 명 선생님

❷

谢谢，谢谢，谢谢你。
Xièxie, xièxie, xièxie nǐ.

새 단어 谢谢 xièxie 고맙습니다

❸

再见，再见，明天见。
Zàijiàn, zàijiàn, míngtiān jiàn.

새 단어 再 zài 부 다시, 또 · 见 jiàn 동 만나다, 보다 · 再见 zàijiàn 안녕, 잘 가 · 明天 míngtiān 명 내일

쓰기 훈련

二 èr
주 2, 둘
一 二

你 nǐ
대 너, 당신
丿 亻 亻 伒 你 你 你

八 bā
주 8, 여덟
丿 八

天 tiān
명 하늘, 날
一 二 于 天

我 wǒ
대 나
一 二 千 手 我 我 我

是 shì
동 ～이다
丨 冂 冃 日 早 早 早 是 是

五 wǔ	㈜ 5, 다섯
	一 丁 五 五

실용 단어·표현 읽기

男 nán 남자

女 nǚ 여자

中国 Zhōngguó 중국

실전 읽기·쓰기 연습

1. 그림과 연관 있는 표현을 선택하세요.

   (1)
   ☐ 男
   ☐ 女

(2)
☐ 女老师
☐ 男老师

(3)
☐ 你
☐ 您

(4)
☐ 你好!
☐ 谢谢您!

(5)
☐ 你是中国人。
☐ 我是中国人。

(6)
☐ 谢谢。
☐ 明天见。

2. 그림과 표현이 일치하면 ✓, 일치하지 않으면 ×를 표시하세요.

(1) 早上 ☐

(2)  中国 ☐

(3) 八 ☐

(4)  五 ☐

3. 빈칸에 알맞은 표현을 써 넣으세요.

(1)

　A　他是哪国人？
　B　_____。

(2)

　A　老师，_____！
　B　早上好！

4. 아래의 짧은 글을 베껴 쓴 후, 다시 이를 모방한 자신만의 글을 써 보세요.

我是马一明，我是中国人。他是大林，他是日本人。

(1) 베껴 쓰기

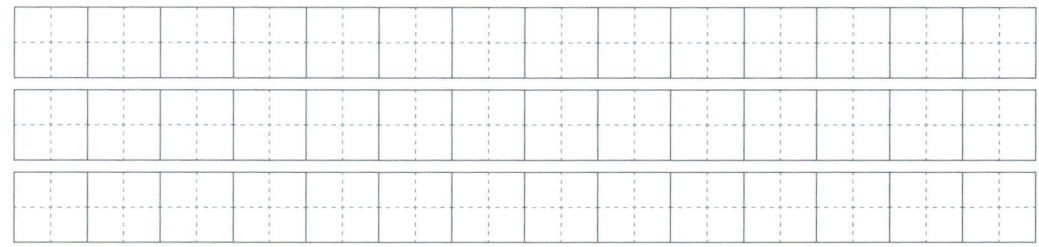

(2) 자신만의 글 쓰기

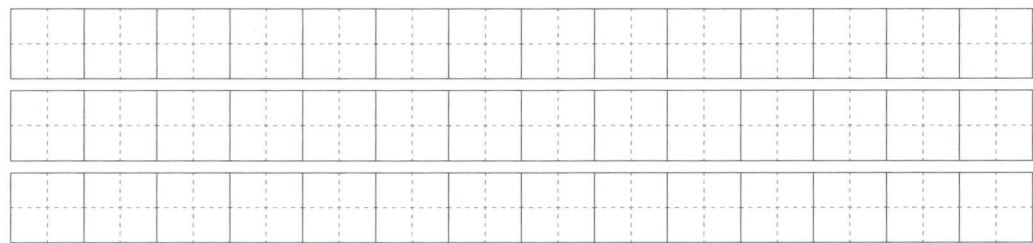

02 谢谢你!
Xièxie nǐ!
고마워요!

읽기 훈련

❶

对不起，没关系。
Duìbuqǐ, méi guānxi.

谢谢你，不客气。
Xièxie nǐ, bú kèqi.

> **새 단어** 对不起 duìbuqǐ 미안해요 · 没 méi 동 없다, ~가 아니다 · 没关系 méi guānxi 괜찮아요
> 不 bù 부 ~가 아니다 · 不客气 bú kèqi 천만에요

❷

一、二、一、一、二、一，
Yī, èr, yī, yī, èr, yī,

一、二、三、四、五、六、七。
yī, èr, sān, sì, wǔ, liù, qī.

四是四，十是十，
Sì shì sì, shí shì shí,

十四是十四，四十是四十。
shísì shì shísì, sìshí shì sìshí.

> **새 단어** 十四 shísì 주 14 · 四十 sìshí 주 40

쓰기 훈련

么 me — 접미 '这么' '怎么'와 같이 지시대사, 의문대사 등의 뒤에 붙어 쓰임
丿 么 么

字 zì — 명 글자
丶 丶 宀 宀 宁 字

对 duì — 형 옳다, 맞다 / 개 ~에 대해
フ 又 又 对 对

也 yě — 부 또한, ~도
フ 也 也

好 hǎo — 형 좋다, 괜찮다, 건강하다
く 夕 女 女 好 好

您 nín — 대 당신 ['你'의 존칭]
丿 亻 亻 亻 伫 你 你 您 您 您

认 rèn 동 식별하다, 분간하다

`丶 讠 讠 认`

실용 단어·표현 읽기

上 shàng 올라가다

下 xià 내려가다

英国 Yīngguó 영국

실전 읽기·쓰기 연습

1. 그림과 연관 있는 표현을 선택하세요.

(1) 　　☐ 上
　　　　　　　　☐ 下

(2)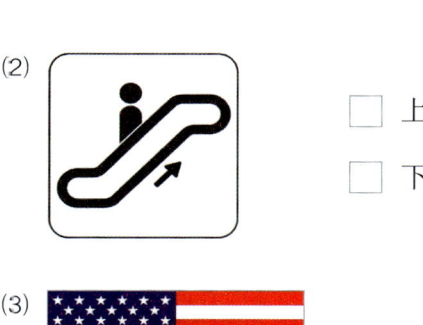
☐ 上
☐ 下

(3)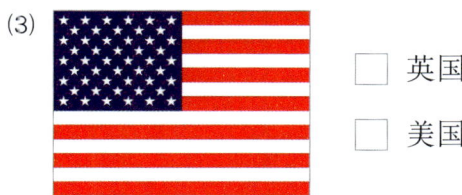
☐ 英国
☐ 美国

(4) 8月

星期一	星期二	星期三	星期四	星期五	星期六	星期日
1	2	3	4	5	6	7
8	9	10	11	12	13	⑭
15	16	17	18	19	20	21
22	23	24	25	26	27	28
29	30	31				

☐ 十四
☐ 四十

(5)
☐ 李老师，早上好！
☐ 李老师是英国人。

(6)
☐ 认识你很高兴。
☐ 您贵姓？

2. 그림과 표현이 일치하면 ✓, 일치하지 않으면 ×를 표시하세요.

(1)

下 ☐

(2)

下 ☐

(3) 早上 ☐

(4) 不客气! ☐

3. 빈칸에 알맞은 표현을 써 넣으세요.

(1)

    A 他是哪国人?

    B _____。

(2) A 你姓什么?

    B 我姓马。

    A 你叫什么名字?

    B _____马一明。

(3) A 您贵姓?

    B 我____高。

    A 您叫什么_____?

    B 我叫高山。

4. 아래의 짧은 글을 베껴 쓴 후, 다시 이를 모방한 자신만의 글을 써 보세요.

我姓丁，叫丁高兴，我是英国人，他也是英国人，他叫马丁。

⑴ 베껴 쓰기

⑵ 자신만의 글 쓰기

03 老师是个中国人。
Lǎoshī shì ge Zhōngguó rén.
선생님은 중국인입니다.

읽기 훈련

❶

她是法国人，名(字)叫林小林。
Tā shì Fǎguó rén, míng(zi) jiào Lín Xiǎolín.

他是美国人，名(字)叫马大民。
Tā shì Měiguó rén, míng(zi) jiào Mǎ Dàmín.

새 단어 法国 Fǎguó 고유 프랑스 · 名(字) míng(zi) 명 이름 · 叫 jiào 동 ~라고 부르다

❷

我是泰国人，名(字)叫朱云云。
Wǒ shì Tàiguó rén, míng(zi) jiào Zhū Yúnyún.

老师是个中国人，名(字)叫李一民。
Lǎoshī shì ge Zhōngguó rén, míng(zi) jiào Lǐ Yīmín.

새 단어 泰国 Tàiguó 고유 태국 · 个 ge 양 개, 명[사람이나 물건을 셀 때 쓰임]

쓰기 훈련

们 men
접미 ~들[사람을 가리키는 명사나 대사 뒤에 놓여 복수를 나타냄]
丿 亻 仁 仃 们

几 jǐ
대 몇, 얼마
丿 几

都 dōu
부 모두, 다
一 十 土 耂 者 者 者 者 者̌ 都

医 yī
명 의사, 의학
一 丆 匚 厈 至 歪 医

马 mǎ
명 말
𠃌 马 马

没 méi
부 없다, ~가 아니다
丶 丶 氵 氵 沢 没 没

03 老师是个中国人。

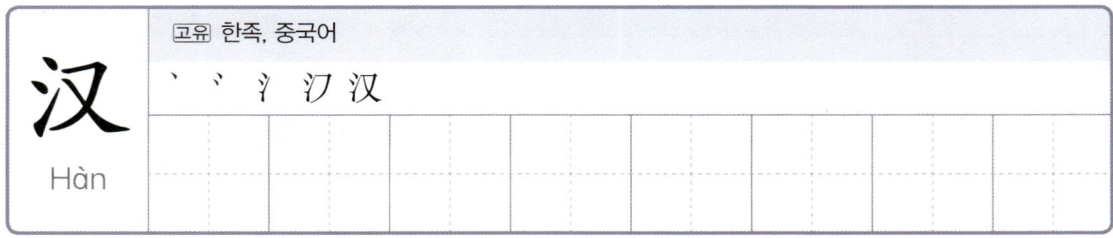

실용 단어·표현 읽기

出口 chūkǒu 출구

入口 rùkǒu 입구

德国 Déguó 독일

실전 읽기·쓰기 연습

1. 그림과 연관 있는 표현을 선택하세요.

   (1)
   ☐ 德国
   ☐ 泰国

(2)
☐ 出口
☐ 入口

(3)
☐ 学生
☐ 职员

(4)
☐ 汉语
☐ 法语

(5)
☐ 你家有几口人?
☐ 他们都是留学生。

(6)
☐ 我学习汉语,你呢?
☐ 你爸爸做什么工作?

2. 빈칸에 알맞은 표현을 써 넣으세요.

(1)

_____

(2)

_____

(3)
_____

(4)
_____

(5)

A 你们班有多少个学生？

B _____。

(6)

A 您贵姓？

B _____，我_____。

3. 빈칸에 알맞은 표현을 골라 써 넣으세요.

| 名字 | 是 | 老师 | 叫 |

(1) 她是法国人，名_____林小林。

(2) 他_____美国人，名叫马大民。

(3) 我是泰国人，_____叫朱云云。

(4) _____是个中国人，名叫李一民。

4. 아래의 짧은 글을 베껴 쓴 후, 다시 이를 모방한 자신만의 글을 써 보세요.

我和丁高兴是同学，我们一起上课，一起学习汉语。我们班有英国人、美国人、韩国人……我们班有十五个同学。

(1) 베껴 쓰기

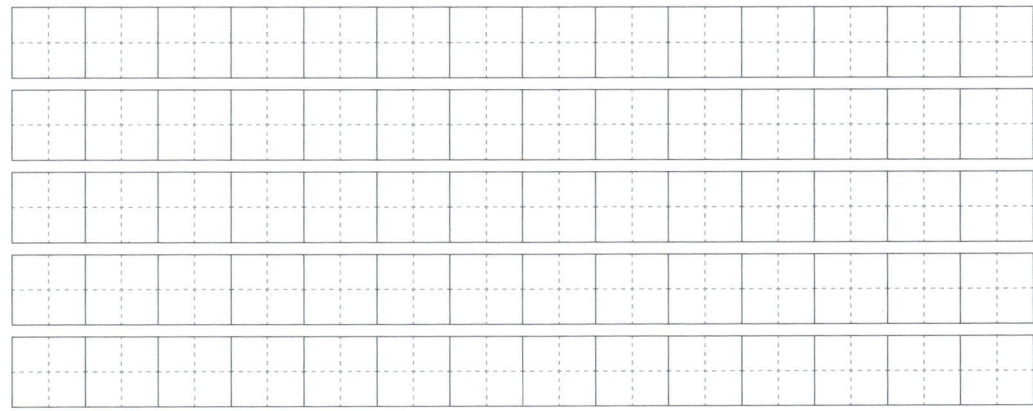

(2) 자신만의 글 쓰기

04 写汉字，读课文。
Xiě Hànzì, dú kèwén.
한자를 쓰고, 본문을 읽어요.

읽기 훈련

1

跟你读，读汉字；跟你念，念课文，
Gēn nǐ dú, dú Hànzì; gēn nǐ niàn, niàn kèwén,

老师是个中国人。
lǎoshī shì ge Zhōngguó rén.

写汉字，读课文；我写汉字，我读课文，
Xiě Hànzì, dú kèwén; wǒ xiě Hànzì, wǒ dú kèwén,

我是一个法国人。
wǒ shì yí ge Fǎguó rén.

새 단어 跟 gēn 동 따라가다, 뒤따르다 · 读 dú 동 (큰 소리로 또는 조용히) 읽다 · 汉字 Hànzì 고유 한자
念 niàn 동 (큰 소리로) 읽다 · 课文 kèwén 명 본문 · 写 xiě 동 쓰다

2

你写汉字，你读课文，请问，你是哪国人？
Nǐ xiě Hànzì, nǐ dú kèwén, qǐngwèn, nǐ shì nǎ guó rén?

我写汉字，我读课文，我是一个美国人。
Wǒ xiě Hànzì, wǒ dú kèwén, wǒ shì yí ge Měiguó rén.

새 단어 请问 qǐngwèn (실례지만) 말씀 좀 여쭙겠습니다

쓰기 훈련

这 zhè — 대 이(것)
丶 亠 ナ 文 文 这 这

饭 fàn — 명 식사, 밥
丿 𠂊 饣 饣 饣 饭 饭

钱 qián — 명 돈
丿 𠂉 𠂉 𠂉 钅 钅 钅 钱 钱 钱

气 qì — 명 가스, 공기
丿 𠂉 气 气

场 chǎng — 명 장소, 곳
一 十 土 圹 场 场

去 qù — 동 가다
一 十 土 去 去

04 写汉字，读课文。

教 jiāo·jiào	통 가르치다
	一 十 土 耂 耂 孝 孝 孝 孝 教 教

실용 단어·표현 읽기

 开 kāi 열다

 关 guān 닫다

 推 tuī 밀다

 拉 lā 당기다

실전 읽기·쓰기 연습

1. 그림과 연관 있는 표현을 선택하세요.

(1) ☐ 关 ☐ 开

(2) ☐ 推 ☐ 拉

(3)
☐ 念课文
☐ 写汉字

(4)
☐ 图书馆
☐ 运动场

(5)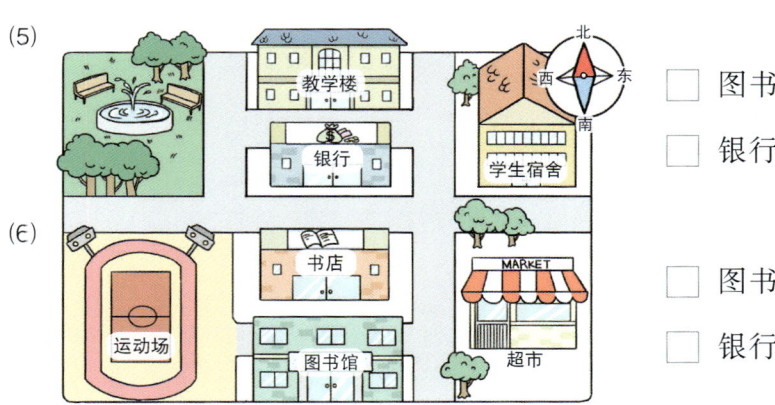
☐ 图书馆北边是书店。
☐ 银行北边是书店。

(6)
☐ 图书馆西边是超市。
☐ 银行东南边是超市。

2. 빈칸에 알맞은 표현을 써 넣으세요.

(1)
_____

(2)
_____

(3)
_____

(4)
_____

(5)
A _____?
B 苹果5块钱一斤。

(6)
A 你知道超市在哪儿吗?
B _____。

3. 빈칸에 알맞은 표현을 골라 써 넣으세요.

> 女老师   汉字   课文   同学   多少

你知道我们班有_____学生吗？我们班有16个_____，8个男同学，8个女同学。我们老师是中国人，她姓钱，是个_____。我们跟老师读_____，写_____，跟老师学汉语。

4. 아래의 짧은 글을 베껴 쓴 후, 다시 이를 모방한 자신만의 글을 써 보세요.

我跟同学一起去商店，我们想买词典。我想买英汉词典，他想买电子词典，我们还想买面包、苹果和香蕉。我不知道商店在哪儿，我同学知道。

(1) 베껴 쓰기

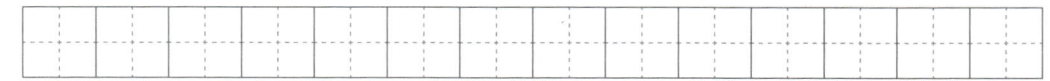

(2) 자신만의 글 쓰기

05 认识你很高兴。
Rènshi nǐ hěn gāoxìng.
당신을 알게 되어 기뻐요.

읽기 훈련

❶

认识你，很高兴。
Rènshi nǐ, hěn gāoxìng.

谢谢你，明天见。
Xièxie nǐ, míngtiān jiàn.

새 단어 认识 rènshi 동 알다 · 高兴 gāoxìng 형 기쁘다, 즐겁다

❷

念声母，读韵母，我们一起学拼音。
Niàn shēngmǔ, dú yùnmǔ, wǒmen yìqǐ xué pīnyīn.

说汉语，写汉字，我们一起学中文。
Shuō Hànyǔ, xiě Hànzì, wǒmen yìqǐ xué Zhōngwén.

他姓王，我姓马，你姓什么，叫什么?
Tā xìng Wáng, wǒ xìng Mǎ, nǐ xìng shénme, jiào shénme?

새 단어 声母 shēngmǔ 명 성모 · 韵母 yùnmǔ 명 운모 · 学 xué 동 공부하다, 배우다
拼音 pīnyīn 명 한어병음 · 中文 Zhōngwén 고유 중국어

쓰기 훈련

每 měi — 대 매, 각, ~마다
丿 一 仁 勺 每 每 每

期 qī — 명 시기, 기간
一 十 廿 甘 甘 其 其 其 期 期 期 期

祝 zhù — 동 ~하길 빌다
丶 ⼁ 礻 礻 礻 祀 祀 祝

再 zài — 부 다시, 또
一 厂 冂 厅 再 再

乐 lè — 형 즐겁다, 기쁘다
一 匚 乐 乐 乐

时 shí — 명 시간, 때
丨 冂 日 日 旷 时 时

候 hòu
동 기다리다

丿 亻 亻 亻 亻 亻 伊 伊 候 候

事 shì
명 일, 사건

一 ㄱ ㄇ ㅁ 丐 亘 写 事

실용 단어·표현 읽기

安全出口 ānquán chūkǒu 비상구

禁止吸烟 jìnzhǐ xī yān 흡연 금지

营业时间 yíngyè shíjiān 영업 시간

欢迎光临 huānyíng guānglín 어서 오세요

실전 읽기·쓰기 연습 I

1. 그림과 연관 있는 표현을 선택하세요.

(1) 医院内 禁止吸烟

☐ 这是安全出口。
☐ 这儿禁止吸烟。

(2) 营业时间
周一到周五
7:30A.M.–11:00P.M.
周六到周日
7:30A.M.–11:30P.M.

☐ 每天都是7:30开门。
☐ 星期四23:30关门。

(3) 谢谢光临 欢迎再来!

☐ 在商店入口
☐ 在商店出口

(4)

☐ 生日快乐!
☐ 欢迎光临!

2. 빈칸에 알맞은 표현을 써 넣으세요.

(1)

(2) 8月

星期一	星期二	星期三	星期四	星期五	星期六	星期日
1	2	3	4	5	6	7
8	9	10	11	12	13	14
15	16	17	18	19	20	21
22	23	24	25	26	27	28
29	30	31				

(3)  ＿＿＿你＿＿＿＿＿＿！

(4) A 你每天下午都在家看书吗？

B 不，我＿＿＿在家看书，＿＿＿去运动。

(5) A 星期天你有时间吗？我们一起去看电影，怎么样？

B 太好了，我＿＿＿＿＿。

실전 읽기·쓰기 연습 Ⅱ

1. 문장을 읽고 연관 있는 그림을 선택하세요.

A    B    C

D    E

(1) 这个星期天早上八点，我和朋友见面。　　（　　）

(2) 爸爸每天晚上都看电视。　　（　　）

⑶ 我们一起吃早饭吧。　　　　　　　　（　　）

⑷ 他今天有事，不在家。　　　　　　　（　　）

⑸ 对不起，我不知道哪儿有超市。　　　（　　）

2. 문장을 읽고 그에 대한 대답으로 알맞은 문장을 선택하세요.

A　有时候吃，有时候不吃。

B　你看，就在你床上。

C　我也是。

D　没有中国银行，有一个北京银行。

E　他不在这儿，他今天有事。

⑴ 你知道李医生在哪儿吗？　　　　　　（　　）

⑵ 前边有中国银行吗？　　　　　　　　（　　）

⑶ 我的词典没有了。　　　　　　　　　（　　）

⑷ 你每天吃早饭吗？　　　　　　　　　（　　）

⑸ 我每天晚上洗澡。　　　　　　　　　（　　）

3. 빈칸에 알맞은 표현을 골라 써 넣으세요.

| 开始 | 然后 | 再 | 时间 |

今天星期五，我晚上没有事，我的朋友也有＿＿＿＿＿＿，我们想一起去看电影。电影八点半＿＿＿＿＿＿，我们先一起吃晚饭，＿＿＿＿＿＿去超市，买明天早上吃的面包，然后＿＿＿＿＿＿去看电影。

4. 아래의 짧은 글을 베껴 쓴 후, 다시 이를 모방한 자신만의 글을 써 보세요.

今天是妈妈的生日，祝妈妈生日快乐！

我现在每天上午上课，中午十一点半下课。下午有时候在家看书，有时候去运动。周末常常和朋友见面。我在这里的生活很快乐。

九月十二日　星期三

(1) 베껴 쓰기

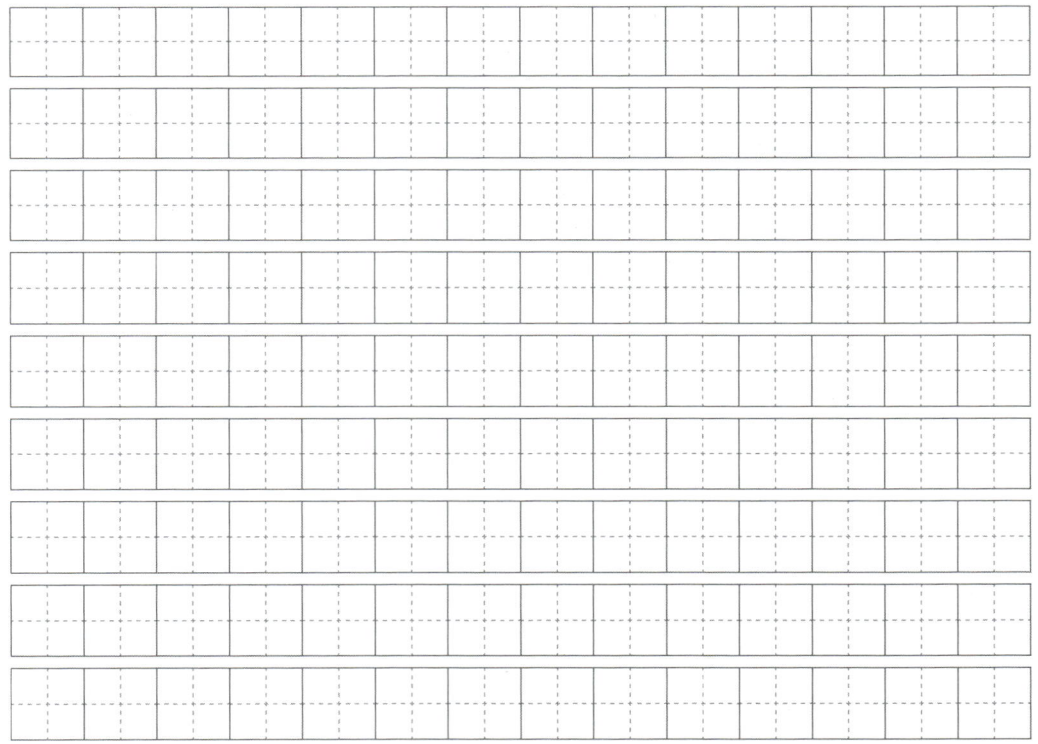

(2) 자신만의 글 쓰기

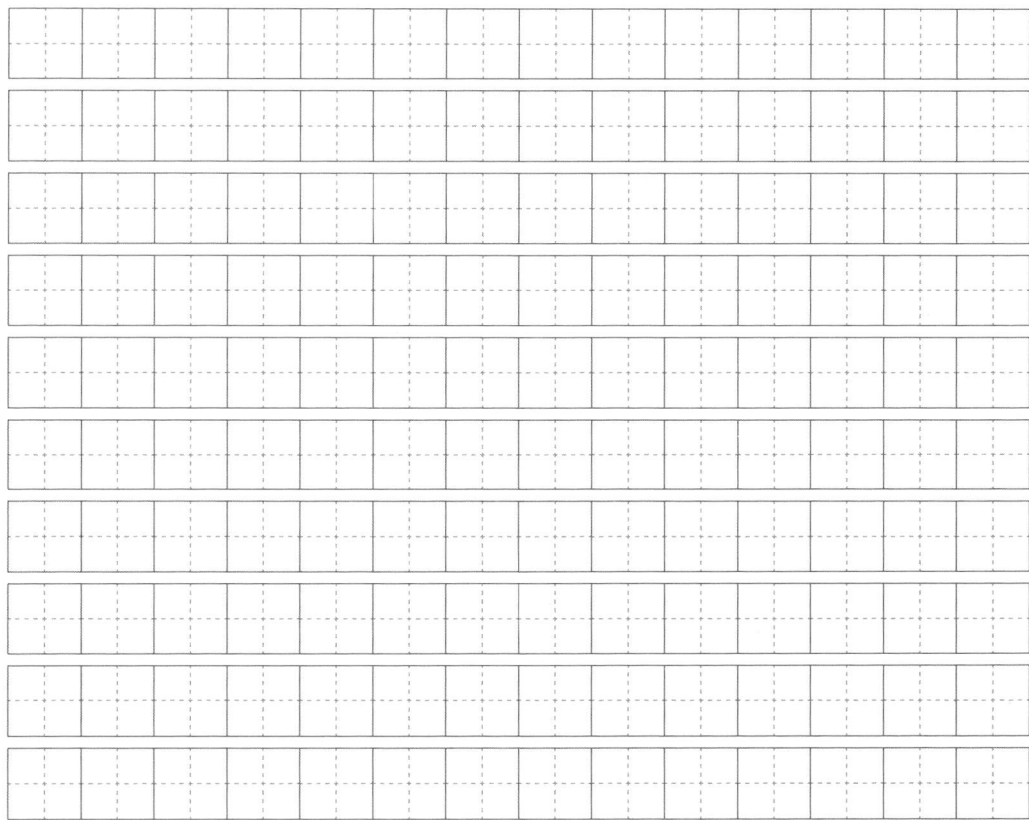

06 来中国，学汉语。
Lái Zhōngguó, xué Hànyǔ.
중국에 와서 중국어를 배워요.

읽기 훈련

❶

外国人，留学生，来中国，学汉语。
Wàiguó rén, liúxuéshēng, lái Zhōngguó, xué Hànyǔ.

学汉语，写汉字，念课文，唱四声：
Xué Hànyǔ, xiě Hànzì, niàn kèwén, chàng sìshēng:

妈、麻、马、骂；八、拔、把、爸。
mā、má、mǎ、mà; bā、bá、bǎ、bà.

새 단어 外国 wàiguó 몡 외국 · 来 lái 동 오다 · 唱 chàng 동 노래하다 · 麻 má 몡 (식물) 삼, 마
马 mǎ 몡 (동물) 말 · 骂 mà 동 혼내다 · 拔 bá 동 뽑다 · 把 bǎ 개 ~를

❷

他叫阿明，我叫阿民，我们两个是泰国人。
Tā jiào Ā Míng, wǒ jiào Ā Mín, wǒmen liǎng ge shì Tàiguó rén.

他叫李大民，她叫朱小云，
Tā jiào Lǐ Dàmín, tā jiào Zhū Xiǎoyún,

他们两个是中国人。
tāmen liǎng ge shì Zhōngguó rén.

他叫什么？你叫什么？你们两个是哪国人？
Tā jiào shénme? Nǐ jiào shénme? Nǐmen liǎng ge shì nǎ guó rén?

새 단어 两 liǎng 수 2, 둘

쓰기 훈련

那 nà — 떼 그(것), 저(것)
丁 丆 刐 那 那

新 xīn — 형 새롭다
丶 亠 立 产 辛 辛 亲 亲 新 新 新

爬 pá — 동 오르다
丆 爫 爪 爬 爬 爬 爬

忙 máng — 형 바쁘다
丶 忄 忙 忙

累 lèi — 형 피곤하다
丨 冂 曰 罒 罒 累 累 累 累 累

聊 liáo — 동 한담하다
一 丆 耳 耳 耳 耳 聊 聊 聊 聊

06 来中国，学汉语。

喜 xǐ	동 좋아하다
	一 十 十 吉 吉 吉 吉 喜 壴 壴 亭 喜 喜

来 lái	동 오다
	一 丆 兀 平 平 来 来

실용 단어·표현 읽기

收银台 shōuyíntái 계산대

结账 jiézhàng 계산하다

售票处 shòupiàochù 매표소

问讯处 wènxùnchù 안내소

실전 읽기·쓰기 연습 I

1. 그림과 연관 있는 표현을 선택하세요.

(1)
- ☐ 在这儿买票。
- ☐ 有问题在这儿问。

(2)
- ☐ 买票
- ☐ 买电子词典

(3)
- ☐ 这个公园太漂亮了!
- ☐ 这儿有山，有树。

(4)
- ☐ 我们在这儿吃饭吧。
- ☐ 来，喝点儿茶吧。

2. 빈칸에 알맞은 표현을 써 넣으세요.

(1)

(2)

(3)

我用一下＿＿＿＿＿＿，行吗？

(4) A 你这个周末干什么？

B 我想＿＿＿＿一下房间，还＿＿＿去超市买东西。

(5) A 你画的中国画很漂亮。

B 我从2010年开始＿＿＿中国画。

실전 읽기·쓰기 연습 Ⅱ

1. 문장을 읽고 연관 있는 그림을 선택하세요.

A    B    C

D

星期一	星期二	星期三	星期四	星期五
口语	综合	综合	口语	写字
综合	音乐	听力	综合	听力
	口语		电影	

E

(1) 食堂有很多种饭菜。　　　　　　　　（　　）

(2) 太累了，我想休息。　　　　　　　　（　　）

⑶ 从星期一到星期五，我们都有课。　　　（　　）

⑷ 我们的教室不太大。　　　（　　）

⑸ 我小的时候，常常跟爸爸妈妈去爬山。　　　（　　）

2. 문장을 읽고 그에 대한 대답으로 알맞은 문장을 선택하세요.

　A　我们说汉语、写汉字、读课文。

　B　找手机。

　C　我的同屋。

　D　他在一家银行上班。

　E　我来中国学汉语。

⑴ 你找什么？　　　（　　）

⑵ 你来中国干什么？　　　（　　）

⑶ 你哥哥做什么工作？　　　（　　）

⑷ 你喜欢和谁聊天儿？　　　（　　）

⑸ 你们汉语课干什么？　　　（　　）

3. 빈칸에 알맞은 표현을 골라 써 넣으세요.

　　上班　　　喜欢　　　请　　　一块儿　　　学习

我的同屋是中国人，我 _____ 做饭，他喜欢收拾屋子，我在中国 _____ 汉语，他在公司 _____，平时我们都很忙。周末，我们常常 _____ 朋友来，喝茶、聊天儿、听音乐、一起做饭、一起吃饭，也有时候 _____ 去爬山。

4. 아래의 짧은 글을 베껴 쓴 후, 다시 이를 모방한 자신만의 글을 써 보세요.

　　我喜欢学习汉语，喜欢学画中国画，喜欢听音乐，喜欢运动，喜欢爬山，喜欢和朋友聊天儿，还喜欢学做中国菜。

　　周末，我有时候去公园，有时候爬山，有时候学画画儿，有时候和朋友聊天儿；我也常常看电影，常常去朋友家，常常听音乐，常常去公园。我在这儿每天都很忙，也很高兴。

(1) **베껴 쓰기**

(2) 자신만의 글 쓰기

07 从山东到山西。
Cóng Shāndōng dào Shānxī.
산둥에서 산시까지.

읽기 훈련

1

喝水，喝茶，喝咖啡，喝啤酒。
Hē shuǐ, hē chá, hē kāfēi, hē píjiǔ.

爱家人，爱朋友，爱生活，爱自然。
Ài jiārén, ài péngyou, ài shēnghuó, ài zìrán.

새 단어 啤酒 píjiǔ 명 맥주 · 爱 ài 동 사랑하다 · 家人 jiārén 명 가족 · 自然 zìrán 명 자연

2

坐汽车，坐火车，坐高铁，坐飞机。
Zuò qìchē, zuò huǒchē, zuò gāotiě, zuò fēijī.

从山东到山西，从河南到河北。
Cóng Shāndōng dào Shānxī, cóng Hénán dào Héběi.

从广东到广西，从湖南到湖北。
Cóng Guǎngdōng dào Guǎngxī, cóng Húnán dào Húběi.

从欧洲到亚洲，从英国到中国。
Cóng Ōuzhōu dào Yàzhōu, cóng Yīngguó dào Zhōngguó.

새 단어 坐 zuò 동 앉다. 타다 · 火车 huǒchē 명 기차 · 高铁 gāotiě 명 고속 열차
飞机 fēijī 명 비행기 · 欧洲 Ōuzhōu 고유 유럽 · 亚洲 Yàzhōu 고유 아시아

쓰기 훈련

感 gǎn — 동 느끼다
一 厂 厂 厂 斤 斤 咸 咸 咸 咸 感 感 感

趣 qù — 명 흥미
一 十 土 キ キ 耂 走 走 赶 赶 赶 趣 趣 趣 趣

跑 pǎo — 동 달리다
丨 冂 口 口 甲 甲 足 足 趵 趵 跑 跑

步 bù — 명 걸음
丨 卜 止 止 牛 爿 步

身 shēn — 명 몸
丿 丨 冂 勹 身 身 身

爱 ài — 동 사랑하다
一 亠 冖 冖 冖 平 平 乎 爱 爱

茶 chá	명 차
	一 十 艹 𦭆 艾 艼 苃 茶 茶

玩 wán	동 놀다
	一 二 𤣩 王 玕 玗 玩

실용 단어 · 표현 읽기

灭火器 mièhuǒqì 소화기

吸烟区 xī yān qū 흡연 구역

电梯 diàntī 엘리베이터

失物招领 shīwù zhāolǐng 분실물 보관

실전 읽기·쓰기 연습 I

1. 그림과 연관 있는 표현을 선택하세요.

(1)
☐ 飞机
☐ 火车

(2)
☐ 灭火器
☐ 电梯

(3)
☐ 在这儿吸烟。
☐ 这儿禁止吸烟。

(4)
☐ 我天天喝咖啡。
☐ 我最喜欢绿茶。

2. 빈칸에 알맞은 표현을 써 넣으세요.

(1)
_____

(2)
我每天_____自行车去学校。

(3)

　　　　　　　　　我对太极拳很_____。

(4) A　你昨天_____没来上课？

　　B　我爸妈来了，昨天我们一起去玩儿了。

(5) A　明天你_____去还是骑车去？

　　B　我走路去。

실전 읽기·쓰기 연습 Ⅱ

1. 문장을 읽고 연관 있는 그림을 선택하세요.

A 　　B 　　C

D 　　E

(1) 有时间再来。　　　　　　　　　　　(　　)

(2) 我对太极拳没兴趣。　　　　　　　　(　　)

⑶ 他怎么知道我的名字？我不认识他。　　　　（　　）

⑷ 明天我和同学一起去爬山，早上八点出发。　　（　　）

⑸ 我们对这个饭馆的饭菜很满意。　　　　　　　（　　）

2. 문장을 읽고 그에 대한 대답으로 알맞은 문장을 선택하세요.

　　A　我们学校离南山不远，走路去都行。

　　B　都行，我都喜欢。

　　C　不错，房租也不贵，我很满意。

　　D　我去朋友家了。

　　E　我已经报名了，从下星期六开始，下午去学习书法。

⑴ 昨天晚上你不在？　　　　　　　　　　　　　（　　）

⑵ 下星期六你有事吗？　　　　　　　　　　　　（　　）

⑶ 你们学校在哪儿？　　　　　　　　　　　　　（　　）

⑷ 我这儿有茶，也有咖啡，你想喝什么？　　　　（　　）

⑸ 你看，这套房子怎么样？　　　　　　　　　　（　　）

3. 빈칸에 알맞은 표현을 골라 써 넣으세요.

| 有时候　　一起　　有汉语课　　星期四　　感兴趣 |

这个学期我很忙，每天上午我们＿＿＿＿＿＿，从八点上到十一点半。星期一到＿＿＿＿＿＿下午我要上兴趣课，从两点上到三点半。我的爱好很多，对太极拳、书法、中国画、中国电影都＿＿＿＿＿＿，我选了星期一的太极拳、星期二的书法、星期三的中国画、星期四的中国电影。星期五下午我＿＿＿＿＿＿和中国朋友一起喝茶、聊天儿，有时候和同屋＿＿＿＿＿＿收拾房间。

4. 아래의 짧은 글을 베껴 쓴 후, 다시 이를 모방한 자신만의 글을 써 보세요.

　　我的朋友搬家了，他租的房子不错，房子不太大，房租也不贵。房子离学校不远，他有时候走路来学校，有时候跑步来学校。

　　他家旁边有超市，有银行，还有饭馆、茶馆，我觉得很方便。他家旁边还有个小公园，公园里有很多树，空气很新鲜，早上很多人在那儿打太极拳，我也想学太极拳。

(1) 베껴 쓰기

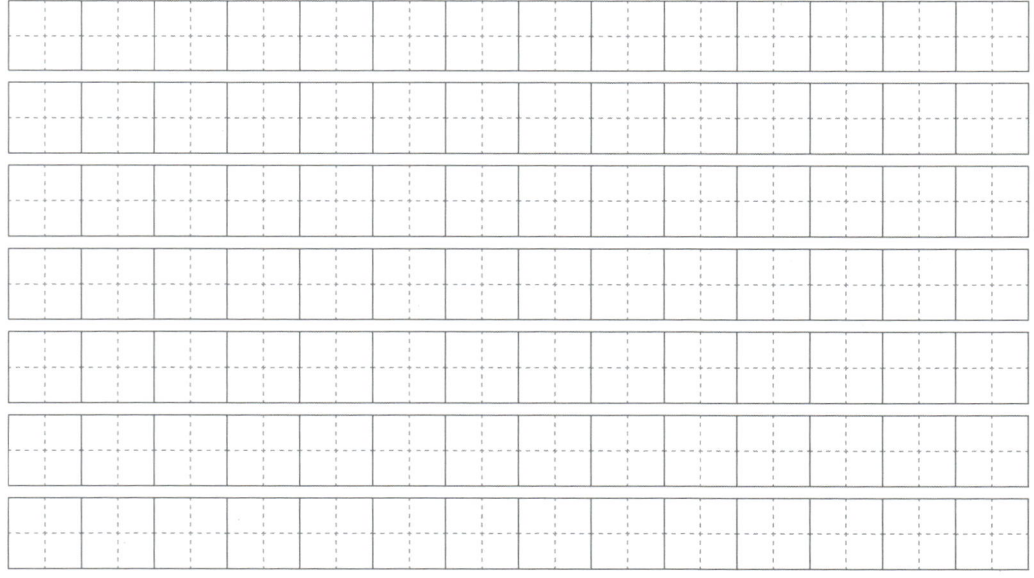

(2) 자신만의 글 쓰기

08 大家都是地球人。
Dàjiā dōu shì dìqiú rén.
모두 다 지구인입니다.

읽기 훈련

❶

山东人，山西人，河南人，河北人，他们都是北方人。
Shāndōng rén, Shānxī rén, Hénán rén, Héběi rén, tāmen dōu shì běifāng rén.

广东人，广西人，湖南人，湖北人，
Guǎngdōng rén, Guǎngxī rén, Húnán rén, Húběi rén,

他们都是南方人。
tāmen dōu shì nánfāng rén.

南方人，北方人，他们都是中国人。
Nánfāng rén, běifāng rén, tāmen dōu shì Zhōngguó rén.

새 단어　北方 běifāng 명 북방　·　南方 nánfāng 명 남방

❷

中国人，日本人，韩国人，泰国人，他们都是亚洲人。
Zhōngguó rén, Rìběn rén, Hánguó rén, Tàiguó rén, tāmen dōu shì Yàzhōu rén.

英国人，法国人，德国人，俄罗斯人，他们都是欧洲人。
Yīngguó rén, Fǎguó rén, Déguó rén, Éluósī rén, tāmen dōu shì Ōuzhōu rén.

巴西人，智利人，美国人，加拿大人，他们都是
Bāxī rén, Zhìlì rén, Měiguó rén, Jiānádà rén, tāmen dōu shì

美洲人。
Měizhōu rén.

南美人，北美人，亚洲人，欧洲人，大家都是地球人。
Nánměi rén, Běiměi rén, Yàzhōu rén, Ōuzhōu rén, dàjiā dōu shì dìqiú rén.

새 단어
- 俄罗斯 Éluósī 고유 러시아
- 巴西 Bāxī 고유 브라질
- 智利 Zhìlì 고유 칠레
- 加拿大 Jiānádà 고유 캐나다
- 美洲 Měizhōu 고유 아메리카
- 南美 Nánměi 고유 남아메리카
- 北美 Běiměi 고유 북아메리카
- 大家 dàjiā 대 모두
- 地球 dìqiú 명 지구

쓰기 훈련

冬 dōng — 명 겨울
丿 ク 夂 冬 冬

穿 chuān — 동 입다, 걸치다
丶 丷 宀 宀 穴 穴 空 穿 穿

衣 yī — 명 옷
丶 亠 ナ 亡 冇 衣

商 shāng — 명 사업, 상업
丶 亠 亠 产 产 产 商 商 商 商

病 bìng	명 병 동 병나다
	丶 一 广 广 广 疒 疒 疒 病 病

要 yào	조동 ~하려고 하다, ~해야 한다 동 원하다, 필요하다
	一 一 一 一 一 西 西 要 要

能 néng	조동 ~할 수 있다
	丶 ㄥ ㄥ 亻 亻 亻 肖 肖 能 能

真 zhēn	부 진짜, 정말
	一 十 广 古 古 肖 盲 直 真 真

실용 단어·표현 읽기

营业中 yíngyè zhōng 영업 중

休息中 xiūxi zhōng 휴식 중

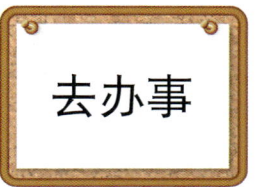

去办事 qù bànshì 업무 차 자리 비움   马上回来 mǎshàng huílai 금방 돌아옵니다

실전 읽기·쓰기 연습 I

1. 그림과 연관 있는 표현을 선택하세요.

(1)
- ☐ 现在没有人。
- ☐ 还没有上班。

(2)
- ☐ 现在是休息时间。
- ☐ 现在有人工作。

(3)
- ☐ 冬天
- ☐ 感冒了

(4)
- ☐ 我开车陪朋友玩儿。
- ☐ 他不喜欢在公司工作。

2. 빈칸에 알맞은 표현을 써 넣으세요.

(1)

_____

(2)

她在_____工作。

(3)

这件衣服真_____！

(4) A 假期你在这里打工吗？

　　B 不，我一_____就回家。

(5) A 北方的冬天怎么这么冷啊！

　　B 我也_____特别冷。

실전 읽기·쓰기 연습 II

1. 문장을 읽고 연관 있는 그림을 선택하세요.

A 　　B 　　C

D　　　　　　E

⑴ 她一有钱就买新衣服。　　　　　　　（　　）

⑵ 我这个星期太忙了，没空儿买水果。　（　　）

⑶ 我去了一趟书店，买了很多书。　　　（　　）

⑷ 这辆车我们用不合适，太小了。　　　（　　）

⑸ 假期我也要去旅游。　　　　　　　　（　　）

2. 문장을 읽고 그에 대한 대답으로 알맞은 문장을 선택하세요.

　A　他病了。

　B　我也觉得贵。

　C　茶或者咖啡都行。

　D　你真行，太感谢了！

　E　没问题。

⑴ 我用一下您的笔，可以吗？　　　　　（　　）

⑵ 那个商店的东西特别贵。　　　　　　（　　）

⑶ 马大明怎么没来？　　　　　　　　　（　　）

⑷ 你想喝点儿什么？　　　　　　　　　（　　）

⑸ 我可以帮你，我知道怎么走。　　　　（　　）

3. 빈칸에 알맞은 표현을 골라 써 넣으세요.

| 不太厚 | 这么冷 | 学汉语 | 很不一样 | 穿 |

　　北方的冬天特别冷，一到冬天，大家就要_____羽绒服，穿很厚的衣服，感冒的人也特别多，去医院看病的人也多，我不喜欢_____的冬天。

　　南方的冬天不太冷，很多人穿毛衣，在南方，大家穿的羽绒服也_____，生病的人也不太多，医院里的人也不多，我喜欢南方的冬天。

　　放假的时候，我想去南方旅游，我有一个好朋友在南方的城市_____，他可以陪我玩儿。他告诉我，中国南方和北方_____，我问他："怎么不一样？"他说，我一到那儿就知道了。

4. 아래의 짧은 글을 베껴 쓴 후, 다시 이를 모방한 자신만의 글을 써 보세요.

　　我上大学的时候，每个假期都要打工。有时候在餐厅打工，有时候在书店打工，还有时候在水果店打工。我打工的时候，认识了我的好朋友马大明。他是中国人，他在德国学习。他的汉语很好，他的德语不太好；我的德语特别好，我的汉语不太好。我们互相帮助，他辅导我学习汉语，我辅导他学习德语。

(1) 베껴 쓰기

(2) 자신만의 글 쓰기

09 我学汉语，我写汉字。
Wǒ xué Hànyǔ, wǒ xiě Hànzì.
나는 중국어를 배우고, 한자를 씁니다.

읽기 훈련

1

我很忙，我很累，我又忙又累。
Wǒ hěn máng, wǒ hěn lèi, wǒ yòu máng yòu lèi.

他不忙，他不累，他不忙也不累。
Tā bù máng, tā bú lèi, tā bù máng yě bú lèi.

새 단어 忙 máng 형 바쁘다 · 累 lèi 형 피곤하다 · 又……又…… ~하기도 하고 ~하기도 하다

2

你去哪儿？去教室。我学汉语，我写汉字。
Nǐ qù nǎr? Qù jiàoshì. Wǒ xué Hànyǔ, wǒ xiě Hànzì.

他去哪儿？去商店。他买电脑，他发邮件。
Tā qù nǎr? Qù shāngdiàn. Tā mǎi diànnǎo, tā fā yóujiàn.

새 단어 发 fā 동 보내다, 발송하다 · 邮件 yóujiàn 명 메일, 우편물

多少钱？一块五。
Duōshao qián? Yí kuài wǔ.

这个多少钱？这个三块五。
Zhège duōshao qián? Zhège sān kuài wǔ.

一个多少钱？一个五块五。
Yí ge duōshao qián? Yí ge wǔ kuài wǔ.

一台电脑，两本书，三个西瓜，四斤水果，五瓶可乐，六杯茶……
Yì tái diànnǎo, liǎng běn shū, sān ge xīguā, sì jīn shuǐguǒ, wǔ píng kělè, liù bēi chá……

> **새 단어**
> 块 kuài 양 위앤[중국 화폐 단위] · 台 tái 양 대[기계 등을 셀 때 쓰임] · 本 běn 양 권[책을 셀 때 쓰임]
> 西瓜 xīguā 명 수박 · 斤 jīn 양 근[무게의 단위] · 瓶 píng 양 병[병을 셀 때 쓰임]
> 可乐 kělè 명 콜라 · 杯 bēi 양 잔[컵을 셀 때 쓰임]

쓰기 훈련

送 sòng
동 주다, 선물하다, 보내다, 배웅하다
丶 丷 䒑 䒑 关 关 送 送

应 yīng
조동 (응당) ~해야 한다
丶 亠 广 广 广 应 应

실용 단어·표현 읽기

卫生清理中 wèishēng qīnglǐ zhōng 청소 중

小心地滑 xiǎoxīn dì huá 미끄럼 주의

邮局 yóujú 우체국

报警电话 bàojǐng diànhuà 신고 전화

실전 읽기·쓰기 연습 I

1. 그림과 연관 있는 표현을 선택하세요.

(1)
- ☐ 这儿是邮局。
- ☐ 这儿是银行。

(2)
- ☐ 火警
- ☐ 匪警

(3)

☐ 可乐
☐ 啤酒

(4)

☐ 这是我家的照片。
☐ 你参加婚礼了吗?

2. 빈칸에 알맞은 표현을 써 넣으세요.

(1)

_____

(2)

我 _____ 喝葡萄酒。

(3)

包饺子不_____学。

⑷ A 这么多人，真_____！

　　B 和我们一起聊天儿吧。

⑸ A 你的汉语_____真快！

　　B 我也觉得我的口语和听力进步很大。

실전 읽기·쓰기 연습 II

1. 문장을 읽고 연관 있는 그림을 선택하세요.

A 　B 　C

D 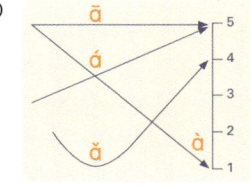　E

⑴ 这真是一份特殊的礼物！　　　　　　　　（　　）

⑵ 电影七点就开始了，你怎么这时候才来？　（　　）

⑶ 汉语的声调很重要。　　　　　　　　　　（　　）

⑷ 还是西瓜好吃。　　　　　　　　　　　　（　　）

⑸ 这是他们的结婚照片。　　　　　　　　　（　　）

2. 문장을 읽고 그에 대한 대답으로 알맞은 문장을 선택하세요.

   A 我教你包吧。

   B 我也这么觉得。

   C 当然。

   D 别着急，我和你一起找。

   E 不错呀。

   ⑴ 这么漂亮的礼物，是给我的吗?　　　　(　　)

   ⑵ 我的自行车怎么没有了?　　　　　　　(　　)

   ⑶ 你最近怎么样?　　　　　　　　　　　(　　)

   ⑷ 这照片真有意思!　　　　　　　　　　(　　)

   ⑸ 饺子真好吃!　　　　　　　　　　　　(　　)

3. 빈칸에 알맞은 표현을 골라 써 넣으세요.

份　辆　门　口　个　本　支　种　件　部

   ⑴ 你家有几＿＿＿＿人? 你有几＿＿＿＿车? 这学期你有几＿＿＿＿课?

   ⑵ 我有一＿＿＿＿电子词典，我有两＿＿＿＿书，我有一＿＿＿＿手机，还有五＿＿＿＿笔。

   ⑶ 我买了三＿＿＿＿水果，买了两＿＿＿＿衣服，还想送朋友一＿＿＿＿礼物。

4. 아래의 짧은 글을 베껴 쓴 후, 다시 이를 모방한 자신만의 글을 써 보세요.

　　现在我在中国学习汉语，我们学校在北京，我们班有15个同学，我们老师是中国人。我们班一共有三位老师，一位男老师，两位女老师。我们一共有四门课，我最喜欢听力课和口语课。老师说，学汉语最重要的是发音和声调，写汉字也很重要。我觉得写汉字很有意思，我喜欢写汉字，我觉得写汉字不难。我觉得我的汉语进步很快。

　　我们学校很大，学校里有银行，有商店，有图书馆，还有校医院，特别方便。

(1) **베껴 쓰기**

(2) 자신만의 글 쓰기

읽기·쓰기 기초 상식

1. 중국어 문장부호

부호	이름	설명
。	句号 jùhào 마침표	문장 끝에 쓰여 문장이 끝났음을 나타낸다.
，	逗号 dòuhào 쉼표	문장 속 휴지(休止)를 나타낸다.
？	问号 wènhào 물음표	문장 끝에 쓰여 의문을 나타낸다.
" "	引号 yǐnhào 따옴표	소리나 말을 인용할 때, 어떤 글자나 단어를 강조할 때 쓴다.
：	冒号 màohào 쌍점	문장 안에서 부연 설명을 덧붙일 때 쓴다.

예) 我问他："怎么不一样？"他说，我一到那儿就知道了。

부호	이름	설명
！	感叹号 gǎntànhào 느낌표	문장 끝에 쓰여 감탄이나 놀람, 환호 등을 나타낸다.

예) 这个公园太漂亮了！

부호	이름	설명
、	顿号 dùnhào 모점	문장 안에서 단어를 열거, 병렬할 때 쓴다.
……	省略号 shěnglüèhào 말줄임표	생략을 나타낸다.

예) 我们班有英国人、美国人、韩国人……

부호	이름	설명
；	分号 fēnhào 쌍반점	문장 안에서 구문을 병렬할 때 쓴다.

예) 他的汉语很好，他的德语不太好；我的德语特别好，我的汉语不太好。

부호	이름	설명
《 》	书名号 shūmínghào 책 이름표	책, 영화, 글 등의 제목을 나타낸다.

예) 《小王子》这本书给我留下了深刻的印象。

부호	이름	설명
——	破折号 pòzhéhào 줄표	뒤에 나오는 말이 앞의 말에 대한 설명임을 나타낸다.

예) 马丁开始学习他的专业——中国历史了。

2. 원고지 쓰는 방법

(1) 단락을 새로 시작할 때는 왼쪽 두 칸을 비우고 쓴다.
(2) 일반적으로 문장부호는 한 칸에 하나씩 쓰지만, '……'와 '——'는 두 칸에 나눠 쓴다.
(3) 영문 대문자는 한 칸에 한 글자씩, 영문 소문자나 아라비아숫자는 한 칸에 두 글자씩 쓴다.

| | 我 | 们 | 班 | 有 | 泰 | 国 | 人 | 、 | 美 | 国 | 人 | 、 |
| 韩 | 国 | 人 | … | … | 我 | 们 | 班 | 有 | 15 | 个 | 同 | 学 | 。 |

(4) '"'와 '《'를 제외한 문장부호는 행의 첫 칸에 올 수 없으므로 마지막 칸에 글자와 같이 쓴다.
(5) 따옴표(" ")는 일반적으로 다른 문장부호와 한 칸에 같이 쓴다.

| | 我 | 问 | 他 | ： | " | 怎 | 么 | 不 | 一 | 样 | ？" | 他 | 说， |
| 我 | 一 | 到 | 那 | 儿 | 就 | 知 | 道 | 了 | 。 |

10 很忙，很累，很快乐。
Hěn máng, hěn lèi, hěn kuàilè.
바쁘고, 피곤하고, 즐거워요.

읽기 훈련

你有汉语词典吗？我没有汉语词典。
Nǐ yǒu Hànyǔ cídiǎn ma? Wǒ méiyǒu Hànyǔ cídiǎn.

你有几本汉语字典？我有两本汉语字典。
Nǐ yǒu jǐ běn Hànyǔ zìdiǎn? Wǒ yǒu liǎng běn Hànyǔ zìdiǎn.

새 단어 字典 zìdiǎn 명 자전

有问题吗？没问题。
Yǒu wèntí ma? Méi wèntí.

你有什么问题？我没什么问题。
Nǐ yǒu shénme wèntí? Wǒ méi shénme wèntí.

새 단어 问题 wèntí 명 질문, 문제

怎么样？什么怎么样？
Zěnmeyàng? Shénme zěnmeyàng?

工作怎么样？工作不怎么样。
Gōngzuò zěnmeyàng? Gōngzuò bù zěnmeyàng.

你忙吗？我不太忙。
Nǐ máng ma? Wǒ bú tài máng.

我很忙，我很累；我忙，我累，我快乐。
Wǒ hěn máng, wǒ hěn lèi; wǒ máng, wǒ lèi, wǒ kuàilè.

> 새 단어 **不怎么样** bù zěnmeyàng 그저 그렇다, 보통이다

쓰기 훈련

最 zuì	툉 가장, 제일
	一 冂 冃 屵 旦 耳 耳 臣 骨 骨 最 最

会 huì	조동 ~할 수 있다, ~할 것이다
	ノ 人 亼 亽 会 会

10 很忙，很累，很快乐。 77

실용 단어·표현 읽기

中餐 zhōngcān 중국 요리

急救 jíjiù 응급 구조

非饮用水 fēi yǐnyòngshuǐ 마실 수 없는 물

饮用水 yǐnyòngshuǐ 마실 수 있는 물

실전 읽기·쓰기 연습 I

1. 그림과 연관 있는 표현을 선택하세요.

(1)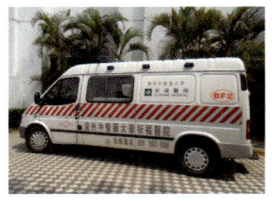

☐ 汽车
☐ 急救车

(2)

☐ 能喝的水
☐ 不能喝的水

10 很忙，很累，很快乐。　79

(3)
☐ 我不喜欢吃菜。
☐ 我喜欢吃中餐。

(4)
☐ 这本书我又看了一遍。
☐ 太贵，我只好不买了。

2. 빈칸에 알맞은 표현을 써 넣으세요.

(1)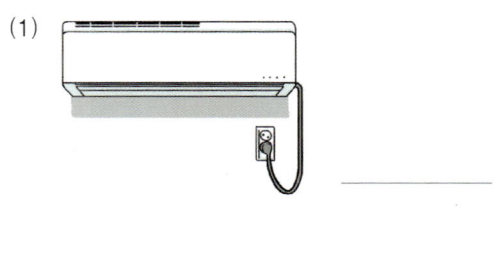

_____

(2)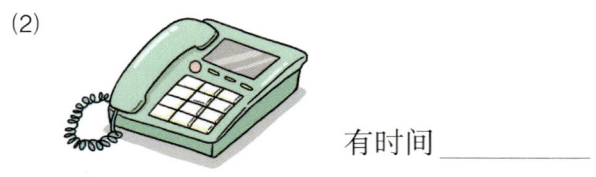

有时间_____打电话。

(3)

我_____开个账户。

(4) A 你学_____中国画了?

B 我学半年了。

(5) A 你还没给我发邮件?

B 我的电脑坏了，到现在还_____，还没发。

실전 읽기·쓰기 연습 II

1. 문장을 읽고 연관 있는 그림을 선택하세요.

A  B  C

D E

(1) 我最少得有五张卡。　　　　　　　　　　（　　　）

(2) 昨天你怎么一直都不在家？　　　　　　　（　　　）

(3) 我忘了戴帽子。　　　　　　　　　　　　（　　　）

(4) 送给你一本书。　　　　　　　　　　　　（　　　）

(5) 圣诞节你准备给妈妈什么礼物？　　　　　（　　　）

2. 문장을 읽고 그에 대한 대답으로 알맞은 문장을 선택하세요.

A 什么网站？告诉我，我也试试。

B 呀，我忘了。

C 对，还是排队好。

D 暖气坏一个星期了，还没修好。

E 我不这么认为，我这张卡就不好用。

(1) 你的房间怎么这么冷啊？　　　　　　　　　(　　)

(2) 还是用卡方便。　　　　　　　　　　　　　(　　)

(3) 我觉得这个网站特别好，我喜欢在那儿买东西。(　　)

(4) 请大家排好队。　　　　　　　　　　　　　(　　)

(5) 你为什么还不交费呀？　　　　　　　　　　(　　)

3. 별(★) 표시된 문장의 옳고 그름을 판단하세요.

(1) 我现在有点儿重要的事，一会儿完了我就去你那儿。

　　★ 说话人已经去他那儿了。　　　　　　　(　　)

(2) 那书在我那儿一年了，我看完忘了还了，真对不起！明天我给你带来吧。

　　★ 说话人想明天还书。　　　　　　　　　(　　)

(3) 张一然，这是我送你的花儿，想你生日那天送给你，后天我有事，只好今天给你了。

　　★ 今天是张一然的生日。　　　　　　　　(　　)

(4) 他每天早上起床以后第一件事就是看新闻。

　　★ 他早上不看新闻。　　　　　　　　　　(　　)

(5) 我特别喜欢那个电影，跟你们看完以后，我一个人又看了三遍。

　　★ 那个电影说话人一共看了四遍。　　　　(　　)

4. 아래의 짧은 글을 베껴 쓴 후, 다시 이를 모방한 자신만의 글을 써 보세요.

　　上次我看见马大明的时候是两年以前，我在马大明那儿看见一本书，书的内容是在中国怎么旅游。我看完那本书，对中国有了兴趣，后来就开始学习汉语。今年9月，我到了中国，我感兴趣的东西更多了。现在我学汉语，学太极拳，学中国画，我还有了很多中国朋友。我常常和朋友打电话，在网上聊天儿，一起喝茶，一起去玩儿。我有了难办的事情，中国朋友一定会帮忙。我每天都很快乐。

(1) 베껴 쓰기

(2) **자신만의 글 쓰기**

- 모범답안
- 해석

01

읽기 훈련

1 안녕! 안녕하세요! 선생님 안녕하세요!

2 고맙습니다. 고맙습니다. 고마워요.

3 안녕. 안녕. 내일 만나.

실전 읽기 · 쓰기 연습

1.

(1) 男
   - ☑ 남자   ☐ 여자

(2) 女老师
   - ☑ 여자 선생님   ☐ 남자 선생님

(3) 你
   - ☑ 너   ☐ 당신

(4) 你好!
   - ☑ 안녕하세요!   ☐ 고맙습니다!

(5) 我是中国人。
   - ☐ 당신은 중국인입니다.   ☑ 나는 중국인입니다.

(6) 明天见。
   ☐ 고맙습니다.   ☑ 내일 만나요.

中国 Zhōngguó 고유 중국 • 人 rén 명 사람

2.

(1) ✗ 아침

(2) ✓ 중국

(3) ✓ 여덟

(4) ✓ 다섯

早上 zǎoshang 명 아침

3.

(1) 他是中国人   A 그는 어느 나라 사람입니까?
              B 그는 중국인입니다.

(2) 早上好   A 선생님, 안녕하세요!
           B 안녕!

他 tā 대 그, 그 사람 • 哪 nǎ 대 어느, 어디 • 国 guó 명 나라

4.

나는 마이밍입니다. 나는 중국인입니다. 그는 따린입니다. 그는 일본인입니다.

(2)
我是金小美，我是韩国人，他是大卫，他是美国人。

나는 김소미입니다. 나는 한국인입니다. 그는 따웨이입니다. 그는 미국인입니다.

日本 Rìběn 고유 일본 • 韩国 Hánguó 고유 한국 • 美国 Měiguó 고유 미국

02

읽기 훈련

1 미안해요. 괜찮아요.
고마워요. 천만에요.

2 하나, 둘, 하나. 하나, 둘, 하나. 하나, 둘, 셋, 넷, 다섯, 여섯, 일곱.
4는 4. 10은 10. 14는 14. 40은 40.

실전 읽기·쓰기 연습

1.

(1) 上
☑ 올라가다　☐ 내려가다

(2) 上
☑ 올라가다　☐ 내려가다

(3) 美国
☐ 영국　☑ 미국

(4) 十四
☑ 14　☐ 40

(5) 李老师, 早上好!
☑ 리 선생님, 안녕하세요!　☐ 리 선생님은 영국인입니다.

(6) 认识你很高兴。
☑ 당신을 알게 되어 기쁩니다.　☐ 당신은 성이 무엇입니까?

• 美国 Měiguó 고유 미국 • 早上 zǎoshang 명 아침 • 认识 rènshi 동 알다 • 很 hěn 부 매우, 아주 • 高兴 gāoxìng 형 기쁘다, 즐겁다 • 贵姓 guìxìng 명 (상대방의) 성(씨)

2.

(1) ✗ 내려가다

(2) ✓ 내려가다

(3) ✓ 아침

(4) ✗ 천만에요!

3.

(1) 他是英国人   A 그는 어느 나라 사람입니까?
              B 그는 영국인입니다.

(2) 我叫   A 당신은 성이 무엇입니까?
          B 제 성은 마입니다.
          A 당신의 이름은 무엇입니까?
          B 저는 마이밍이라고 합니다.

(3) 姓, 名字   A 당신의 성은 무엇입니까?
              B 제 성은 까오입니다.
              A 당신의 이름은 무엇입니까?
              B 제 이름은 까오산입니다.

• 哪 nǎ 대 어느, 어디 • 国 guó 명 나라 • 人 rén 명 사람 • 姓 xìng 명 성(씨) 동 성이 ~이다 • 什么 shénme 대 무슨, 무엇 • 叫 jiào 동 ~라고 부르다 • 名字 míngzi 명 이름

4.

나의 성은 띵이고, 이름은 띵까오싱입니다. 나는 영국인입니다. 그 역시 영국인인데, 그는 마띵이라고 합니다.

(2)
我姓朱，叫朱明浩，我是韩国人，她也是韩国人，她叫金小美。

나의 성은 주이고, 이름은 주명호입니다. 나는 한국인입니다. 그녀 역시 한국인인데, 그녀는 김소미라고 합니다.

她 tā 대 그녀 • 韩国 Hánguó 고유 한국

03

읽기 훈련

1 그녀는 프랑스인이고, 이름은 린샤오린입니다.
그는 미국인이고, 이름은 마따민입니다.

2 나는 태국인이고, 이름은 주원윈입니다.
선생님은 중국인이고, 이름은 리이민입니다.

실전 읽기·쓰기 연습

1.

(1) 泰国
　　☐ 독일　☑ 태국

(2) 出口
　　☑ 출구　☐ 입구

(3) 学生
　　☑ 학생　☐ 직원

(4) 汉语
　　☑ 중국어　　☐ 프랑스어

(5) 你家有几口人？
　　☑ 당신은 식구가 몇 명입니까？　　☐ 그들 모두는 유학생입니다.

(6) 我学习汉语，你呢？
　　☑ 나는 중국어를 배웁니다. 당신은요？　　☐ 당신의 아버지께서는 무슨 일을 하십니까？

学生 xuesheng 명 학생 • 职员 zhíyuán 명 직원 • 汉语 Hànyǔ 고유 중국어 • 法语 Fǎyǔ 고유 프랑스어 • 家 jiā 명 집, 가정 • 有 yǒu 동 있다 • 口 kǒu 양 식구[사람을 셀 때 쓰임] • 留学生 liúxuéshēng 명 유학생 • 学习 xuéxí 동 공부하다, 배우다 • 呢 ne 조 [문장 끝에 쓰여 의문을 나타냄] • 爸爸 bàba 명 아빠, 아버지 • 做 zuò 동 하다 • 什么 shénme 대 무슨, 무엇 • 工作 gōngzuò 명 일, 업무

2.

(1) 老师　선생님

(2) 法国　프랑스

(3) 电脑　컴퓨터

(4) 医生　의사

(5) 我们班有13个学生　A 너희 반에는 학생이 몇 명 있니？
　　　　　　　　　　　B 우리 반에는 열 세 명의 학생이 있어.

(6) 我姓马，叫马大明　A 당신의 성함은 무엇입니까？
　　　　　　　　　　　B 제 성은 마이고, 마따밍이라고 합니다.

电脑 diànnǎo 명 컴퓨터 • 医生 yīshēng 명 의사 • 班 bān 명 반 • 多少 duōshao 대 얼마, 몇 • 贵姓 guìxìng 명 (상대방의) 성(씨)

3.

(1) 叫
　　그녀는 프랑스인이고, 이름은 린샤오린이라고 합니다.

(2) 是
　　그는 미국인이고, 이름은 마따밍입니다.

(3) 名字
　　나는 태국인이고, 이름은 주원원입니다.

(4) 老师

선생님은 중국인이고, 이름은 리이민입니다.

4.

나와 띵까오싱은 같은 반 친구입니다. 우리는 함께 수업하고, 함께 중국어를 배웁니다. 우리 반에는 영국인, 미국인, 한국인 등이 있고, 열 다섯 명의 친구들이 있습니다.

(2)
　　我和金小美是同学，我们一起玩儿，一起学习汉语。我们班有德国人、日本人、泰国人……我们班有二十三个同学。

나와 김소미는 같은 반 친구입니다. 우리는 함께 놀고, 함께 중국어를 배웁니다. 우리 반에는 독일인, 일본인, 태국인 등이 있고, 스물 세 명의 친구들이 있습니다.

和 hé 접 ~와 • 同学 tóngxué 명 학우 • 一起 yìqǐ 부 함께 • 上课 shàngkè 통 수업하다 • 英国 Yīngguó 고유 영국 • 玩儿 wánr 통 놀다 • 日本 Rìběn 고유 일본

04

읽기 훈련

1. 당신을 따라 읽어요. 한자를 읽어요. 당신을 따라 읽어요. 본문을 읽어요. 선생님은 중국인입니다. 한자를 쓰고, 본문을 읽어요. 나는 한자를 쓰고, 본문을 읽어요. 나는 프랑스인입니다.

2. 당신은 한자를 쓰고, 본문을 읽어요. 실례지만 당신은 어느 나라 사람인가요? 나는 한자를 쓰고, 본문을 읽어요. 나는 미국인입니다.

실전 읽기·쓰기 연습

1.

(1) 关
- ☑ 닫다   ☐ 열다

(2) 推
- ☑ 밀다   ☐ 당기다

(3) 写汉字
- ☐ 본문을 읽다   ☑ 한자를 쓰다

(4) 运动场
- ☐ 도서관   ☑ 운동장

(5) 图书馆北边是书店。
- ☑ 도서관의 북쪽은 서점입니다.   ☐ 은행의 북쪽은 서점입니다.

(6) 银行东南边是超市。
- ☐ 도서관의 서쪽은 슈퍼마켓입니다.   ☑ 은행의 동남쪽은 슈퍼마켓입니다.

图书馆 túshūguǎn 명 도서관 • 运动场 yùndòngchǎng 명 운동장 • 北边 běibian 명 북쪽 • 书店 shūdiàn 명 서점 • 银行 yínháng 명 은행 • 西边 xībian 명 서쪽 • 超市 chāoshì 명 슈퍼마켓 • 东南边 dōngnánbian 명 동남쪽 • 教学楼 jiàoxuélóu 명 강의실 건물 • 宿舍 sùshè 명 기숙사

2.

(1) 银行 은행

(2) 词典 사전

(3) 电脑 컴퓨터

(4) 餐厅 식당

(5) 苹果多少钱一斤   A 사과는 한 근에 얼마입니까?
　　　　　　　　　　B 사과는 한 근에 5위앤입니다.

(6) 超市就在前边儿   A 당신은 슈퍼마켓이 어디 있는지 아나요?
　　　　　　　　　　B 슈퍼마켓은 바로 앞쪽에 있습니다.

词典 cídiǎn 명 사전 • 餐厅 cāntīng 명 식당 • 苹果 píngguǒ 명 사과 • 多少 duōshao 대 얼마, 몇 • 钱 qián 명 돈 • 斤 jīn 양 근[무게의 단위] • 块 kuài 양 위앤[중국 화폐 단위] • 知道 zhīdao 동 알다 • 在 zài 동 (사람이나 사물이) ~에 있다 • 哪儿 nǎr 대 어디, 어느 곳 • 吗 ma 조 [문장 끝에 쓰여 의문을 나타냄] • 就 jiù 부 바로 • 前边(儿) qiánbian(r) 명 앞쪽

3. 多少, 同学, 女老师, 课文, 汉字

　　당신은 우리 반에 학생이 몇 명 있는지 아나요? 우리 반에는 열 여섯 명의 학우가 있는데, 남학우가 여덟 명, 여학우가 여덟 명입니다. 우리 선생님은 중국인이고, 성이 치앤이고, 여자 선생님입니다. 우리는 선생님을 따라서 본문을 읽고, 한자를 쓰면서 선생님과 중국어를 배웁니다.

同学 tóngxué 몡 학우 • 跟 gēn 동 따라가다, 뒤따르다 젭 ~와 • 学 xué 동 배우다

4.

　　나는 친구와 함께 상점에 갑니다. 우리는 사전을 사려고 해요. 나는 영한 사전을 사려고 하고, 그는 전자 사전을 사려고 합니다. 우리는 또 빵, 사과 그리고 바나나를 사려고 해요. 나는 상점이 어디에 있는지 모르고, 내 친구는 압니다.

(2)
　　我跟爸爸一起去书店，我们想买体育杂志。我想买足球杂志，爸爸想买高尔夫球杂志，我们还想买笔记本、铅笔和橡皮。我不知道书店在哪儿，我爸爸知道。

　　나는 아빠와 함께 서점에 갑니다. 우리는 스포츠 잡지를 사려고 해요. 나는 축구 잡지를 사려고 하고, 아빠는 골프 잡지를 사려고 합니다. 우리는 또 노트, 연필 그리고 지우개를 사려고 해요. 나는 서점이 어디에 있는지 모르고, 우리 아빠는 아십니다.

商店 shāngdiàn 몡 상점 • 想 xiǎng 조동 ~하려고 하다, ~하고 싶다 • 买 mǎi 동 사다 • 电子词典 diànzǐ cídiǎn 몡 전자 사전 • 还 hái 튀 또, 게다가 • 面包 miànbāo 몡 빵 • 香蕉 xiāngjiāo 몡 바나나 • 体育 tǐyù 몡 체육, 스포츠 • 杂志 zázhì 몡 잡지 • 足球 zúqiú 몡 축구 • 高尔夫球 gāo'ěrfūqiú 몡 골프 • 笔记本 bǐjìběn 몡 노트, 수첩 • 铅笔 qiānbǐ 몡 연필 • 橡皮 xiàngpí 몡 지우개

05

읽기 훈련

❶ 당신을 알게 되어 기뻐요.

고맙습니다. 내일 만나요.

❷ 성모를 읽고, 운모를 읽어요. 우리는 함께 한어병음을 배워요.
중국어를 말하고, 한자를 써요. 우리는 함께 중국어를 배워요.
그는 왕 씨이고, 나는 마 씨입니다. 당신의 성은 무엇이고, 이름은 뭐죠?

실전 읽기·쓰기 연습 I

1.

(1) 这儿禁止吸烟。
  ☐ 이것은 비상구입니다.   ☑ 여기서는 금연입니다.

(2) 每天都是7:30开门。
  ☑ 매일 7시 30분에 문을 엽니다.   ☐ 목요일은 23시 30분에 문을 닫습니다.

(3) 在商店出口
  ☐ 상점 입구에서   ☑ 상점 출구에서

(4) 生日快乐!
  ☑ 생일 축하합니다!   ☐ 어서 오세요!

这儿 zhèr 대 여기, 이곳 · 开门 kāimén 동 문을 열다, 영업을 시작하다 · 星期四 xīngqīsì 명 목요일 · 关门 guānmén 동 문을 닫다, 영업을 끝내다 · 入口 rùkǒu 명 입구 · 生日 shēngrì 명 생일 · 快乐 kuàilè 형 즐겁다, 유쾌하다

2.

(1) 微笑 미소 (짓다)

(2) 周末 주말

(3) 祝, 生日快乐 당신의 생일을 축하해요!

(4) 不, 出 A 당신은 매일 오후 집에서 책을 보나요?
    B 아니요. 저는 집에서 책을 보지 않고, 운동하러 나갑니다.

(5) 有时间　A　일요일에 시간 있어요? 우리 같이 영화 보러 갈래요?

　　　　　　B　잘됐네요. 저 시간 있어요.

微笑 wēixiào 명동 미소 (짓다) • 周末 zhōumò 명 주말 • 下午 xiàwǔ 명 오후 • 在 zài 개 ~에서 • 看 kàn 동 보다 • 运动 yùndòng 동 운동하다 • 星期天 xīngqītiān 명 일요일 • 时间 shíjiān 명 시간 • 电影 diànyǐng 명 영화 • 太……了 tài……le 너무 ~하다

실전 읽기·쓰기 연습 II

1.

(1) C 이번 주 일요일 아침 여덟 시에 나는 친구와 만납니다.

(2) D 아빠는 매일 저녁에 텔레비전을 봅니다.

(3) A 우리 같이 아침 먹어요.

(4) B 그는 오늘 일이 있어서 집에 없습니다.

(5) E 미안합니다. 저는 슈퍼마켓이 어디에 있는지 몰라요.

点 diǎn 양 시 • 和 hé 개 ~와 • 朋友 péngyou 명 친구 • 见面 jiànmiàn 동 만나다 • 晚上 wǎnshang 명 저녁 • 电视 diànshì 명 텔레비전 • 吃 chī 동 먹다 • 早饭 zǎofàn 명 아침밥 • 吧 ba 조 ~하자, ~해라[문장 끝에 놓여 청유, 명령 등의 어기를 나타냄] • 今天 jīntiān 명 오늘

2.

(1) 닥터 리가 어디에 있는지 아세요?

　　E 그는 여기 없어요. 그는 오늘 일이 있어요.

(2) 앞쪽에 중국 은행이 있습니까?

　　D 중국 은행은 없고, 베이징 은행이 하나 있어요.

(3) 내 사전이 없어졌어요.

　　B 보세요. 당신 침대 위에 있잖아요.

(4) 당신은 매일 아침을 먹나요?

　　A 먹을 때도 있고, 안 먹을 때도 있어요.

(5) 나는 매일 저녁 샤워를 해요.

　　C 저도요.

医生 yīshēng 명 의사 · 北京 Běijīng 고유 베이징 · 床 chuáng 명 침대 · 上 shàng 명 위 · 有时候 yǒushíhou 부 때로(는), 어떤 때 · 洗澡 xǐzǎo 동 샤워하다, 목욕하다

3. 时间, 开始, 然后, 再

오늘은 금요일입니다. 나는 저녁에 한가하고, 내 친구도 시간이 나서 우리는 함께 영화 보러 가려고 합니다. 영화는 여덟 시 반에 시작해요. 우리는 먼저 같이 저녁을 먹고, 그러고 나서 슈퍼마켓에 가 내일 아침에 먹을 빵을 사고, 다시 영화를 보러 갈 겁니다.

星期五 xīngqīwǔ 명 금요일 · 半 bàn 수 반, 절반 · 开始 kāishǐ 동 시작하다 · 先 xiān 부 먼저, 우선 · 晚饭 wǎnfàn 명 저녁밥 · 然后 ránhòu 접 그런 후에, 그러고 나서 · 明天 míngtiān 명 내일

4.

오늘은 엄마 생신이네요. 엄마의 생신을 축하 드려요!
저는 기제 매일 오전에 등교해서 점심 때 열 한 시 반에 하교합니다. 오후에는 집에서 책을 보거나 운동하러 가요. 주말에는 늘 친구를 만나요. 저는 이곳에서의 생활이 즐겁습니다.

9월 12일 수요일

(2)
　　今天是美国朋友大卫的生日。晚上有大卫的生日晚会。晚上七点半开始。有的同学下午去商店买礼物，有的同学在宿舍准备生日晚会。我们在这儿一起学习汉语，一起过生日，非常快乐。

十月二十日　星期五

오늘은 미국 친구 따웨이의 생일입니다. 저녁에 따웨이의 생일 파티가 있어요. 저녁 일곱 시 반에 시작하죠. 어떤 친구들은 오후에 선물 사러 상점에 가고, 어떤 친구들은 기숙사에서 생일 파티를 준비해요. 우리는 여기서 함께 중국어도 공부하고 함께 생일도 보내면서 무척 즐겁습니다.

10월 20일 금요일

现在 xiànzài 명 현재, 이제 · 上午 shàngwǔ 명 오전 · 上课 shàngkè 동 수업하다 · 中午 zhōngwǔ 명 정오, 낮 12시 전후 · 下课 xiàkè 동 수업을 마치다 · 常常 chángcháng 부 늘, 자주 · 这里 zhèlǐ 대 여기, 이곳 · 生活 shēnghuó 명 생활 · 月 yuè 명 (날짜의) 월 · 日 rì 명 (날짜의) 일 · 星期三 xīngqīsān 명 수요일 · 晚会 wǎnhuì 명 이브닝 파티(evening party) · 有的 yǒude 대 어떤 것, 어떤 사람 · 礼物 lǐwù 명 선물 · 宿舍 sùshè 명 기숙사 · 准备 zhǔnbèi 동 준비하다 · 过 guò 동 (시점을) 보내다, 지내다

06

읽기 훈련

1 외국인, 유학생, 중국에 와서 중국어를 배워요.
중국어를 배우고, 한자를 쓰고, 분문을 읽고, 4성을 노래해요.
mā(엄마), má(마), mǎ(말), mà(혼내다), bā(여덟), bá(뽑다), bǎ(~를), bà(아빠).

2 그는 아밍이고, 저는 아민입니다. 우리 둘은 태국인이에요.
그는 리따민이고 그녀는 주샤오원입니다. 그들 둘은 중국인이에요.
그의 이름은 뭐가요? 당신의 이름은 무엇입니까? 당신들은 어느 나라 사람인가요?

실전 읽기·쓰기 연습 I

1.

(1) 有问题在这儿问。
☐ 여기서 표를 삽니다.　☑ 문제가 있으면 여기서 묻습니다.

(2) 买票
☑ 표를 삽니다　☐ 전자 사전을 삽니다

(3) 这个公园太漂亮了!
☑ 이 공원은 정말 아름답군요!　☐ 여기에는 산과 나무가 있어요.

(4) 来，喝点儿茶吧。
☐ 우리 여기서 식사합시다.　☑ 자, 차를 좀 드시죠.

买 mǎi 통 사다 • 票 piào 명 표 • 问题 wèntí 명 문제, 질문 • 问 wèn 통 묻다 • 电子词典 diànzǐ cídiǎn 명 전자 사전 • 公园 gōngyuán 명 공원 • 太……了 tài……le 너무 ~하다 • 漂亮 piàoliang 형 예쁘다, 아름답다 • 山 shān 명 산 • 树 shù 명 나무 • 喝 hē 통 마시다 • 茶 chá 명 차

2.

(1) 公共汽车 버스

(2) 听音乐 음악을 듣다

(3) 你的词典 제가 당신의 사전을 좀 써도 되겠습니까?

(4) 打扫, 要 A 이번 주말에 뭐 하십니까?
　　　　　　　B 저는 방을 좀 청소하고, 슈퍼마켓에 물건을 사러 갈 것입니다.

(5) 学 A 당신이 그린 중국화가 매우 아름다워요.
　　　　B 저는 2010년부터 중국화를 배우기 시작했어요.

公共汽车 gōnggòng qìchē 명 버스 • **听** tīng 동 듣다 • **音乐** yīnyuè 명 음악 • **用** yòng 동 쓰다, 사용하다 • **行** xíng 동 (~해도) 좋다, 된다 • **干** gàn 동 (일을) 하다 • **打扫** dǎsǎo 동 청소하다 • **房间** fángjiān 명 방 • **要** yào 조동 ~할 것이다 • **东西** dōngxi 명 물건 • **画** huà 동 (그림을) 그리다 명 그림 • **从** cóng 개 ~부터

실전 읽기·쓰기 연습 Ⅱ

1.

(1) E 식당에 음식 종류가 아주 많습니다.

(2) A 너무 피곤하네요. 쉬고 싶어요.

(3) D 월요일부터 금요일까지 우리는 전부 수업이 있어요.

(4) C 우리 교실은 그리 크지 않습니다.

(5) B 저는 어릴 때, 종종 아빠 엄마와 등산하러 갔습니다.

食堂 shítáng 명 식당 • **多** duō 형 많다 • **种** zhǒng 명 종류, 가지 • **饭菜** fàncài 명 밥과 반찬 • **休息** xiūxi 동 휴식하다 • **从……到……** cóng……dào…… ~부터 ~까지 • **课** kè 명 수업, 과목 • **教室** jiàoshì 명 교실 • **不太……** bú tài…… 그다지 ~하지 않다 • **大** dà 형 크다 • **小** xiǎo 형 작다, 어리다 • **时候** shíhou 명 때, 시각 • **爬山** páshān 동 등산하다

2.

(1) 당신은 뭘 찾습니까?
　　B 휴대전화를 찾아요.

(2) 당신은 중국에 무엇을 하러 왔습니까?
   E 저는 중국어를 배우러 중국에 왔어요.

(3) 당신 형은 무슨 일을 하나요?
   D 그는 은행에 근무합니다.

(4) 당신은 누구와 이야기 나누기를 좋아해요?
   C 제 룸메이트요.

(5) 당신들은 중국어 수업 시간에 무엇을 합니까?
   A 우리는 중국어를 말하고, 한자를 쓰고, 본문을 읽습니다.

找 zhǎo 동 찾다 · 手机 shǒujī 명 휴대전화 · 哥哥 gēge 명 형, 오빠 · 上班 shàngbān 동 출근하다 · 喜欢 xǐhuan 동 좋아하다 · 谁 shéi 대 누구 · 聊天儿 liáotiānr 동 한담하다, 이야기를 나누다 · 同屋 tóngwū 명 룸메이트 · 说 shuō 동 말하다

3. 喜欢, 学习, 上班, 请, 一块儿

내 룸메이트는 중국인입니다. 나는 밥 하는 걸 **좋아하고**, 그는 방 정리하는 걸 좋아해요. 나는 중국에서 중국어를 배**우고**, 그는 회사에 근무합니다. 평소에는 우리 둘 다 바쁘죠. 주말에 우리는 자주 친구들을 **초대해** 차를 마시고, 이야기를 나누고, 음악을 듣고, 함께 밥을 해 먹어요. 또 어떤 때는 **함께** 등산을 가기도 합니다.

做饭 zuòfàn 동 밥을 하다 · 收拾 shōushi 동 정리하다, 치우다 · 屋子 wūzi 명 방 · 公司 gōngsī 명 회사 · 平时 píngshí 명 평소 · 请 qǐng 동 초청하다, 부르다 · 一块儿 yíkuàir 부 함께

4.

나는 중국어 배우는 걸 좋아하고, 중국화 그리기를 좋아하고, 음악 듣는 걸 좋아하고, 운동을 좋아하고, 등산을 좋아하고, 친구와 이야기하기를 좋아하며, 중국 요리 만드는 걸 배우기 좋아합니다.

주말에는 때때로 공원에 가거나 등산을 하거나 그림 그리기를 배우거나 친구와 이야기를 나눠요. 또 자주 영화도 보고, 친구 집에도 가고, 음악을 듣고, 공원에 가죠. 나는 여기서 매일 바쁘고, 즐겁습니다.

(2)

　　我喜欢学习汉语，喜欢写汉字，喜欢看电影，喜欢打篮球，喜欢喝咖啡，喜欢和爸爸一起去公园散步，还喜欢打太极拳。
　　周末，我有时候去图书馆，有时候去看电影，有时候打太极拳，有时候和爸爸一起去公园散步；我也常常听中国歌，常常去朋友家，常常做中国菜，常常去商店买东西。我在这儿每天很忙，也很快乐。

나는 중국어 배우는 걸 좋아하고, 한자 쓰기를 좋아하고, 영화 보는 걸 좋아하고, 농구하는 걸 좋아하고, 커피 마시기를 좋아하고, 아빠와 공원 산책하는 걸 좋아하며, 태극권 하기를 좋아합니다.

주말에는 때때로 도서관에 가거나 영화를 보거나 태극권을 하거나 아빠와 공원 산책을 가요. 또 자주 중국 노래도 듣고, 친구 집에도 가고, 중국 요리를 하고, 상점에 물건을 사러 가죠. 나는 여기서 매일 바쁘고, 즐겁습니다.

运动 yùndòng 동 운동하다 • **中国菜** Zhōngguó cài 명 중국 요리 • **打篮球** dǎ lánqiú 농구하다 • **咖啡** kāfēi 명 커피 • **散步** sànbù 동 산책하다 • **打太极拳** dǎ tàijíquán 태극권을 하다 • **图书馆** túshūguǎn 명 도서관 • **中国歌** Zhōngguó gē 명 중국 노래

07

읽기 훈련

① 물을 마시고, 차를 마시고, 커피를 마시고, 맥주를 마셔요.
가족을 사랑하고, 친구를 사랑하고, 생활을 사랑하고, 자연을 사랑해요.

② 버스를 타고, 기차를 타고, 고속 열차를 타고, 비행기를 타요.
산둥에서 산시까지. 허난에서 허베이까지.
광둥에서 광시까지. 후난에서 후베이까지.
우럽에서 아시아까지. 영국에서 중국까지.

실전 읽기·쓰기 연습 I

1.

(1) 火车
　　☐ 비행기　　✓ 기차

(2) 电梯
- ☐ 소화기 ☑ 엘리베이터

(3) 在这儿吸烟。
- ☑ 이곳에서 담배를 피우세요. ☐ 이곳은 흡연 금지입니다.

(4) 我天天喝咖啡。
- ☑ 나는 매일 커피를 마십니다. ☐ 나는 녹차를 제일 좋아합니다.

禁止 jìnzhǐ 图 금지하다 · 天天 tiāntiān 뷔 매일, 날마다 · 最 zuì 뷔 가장, 제일 · 绿茶 lǜchá 圆 녹차

2.

(1) 跑步 달리다

(2) 骑 나는 매일 자전거를 타고 학교에 갑니다.

(3) 感兴趣 나는 태극권에 무척 흥미를 느낍니다.

(4) 怎么 A 당신은 어제 왜 수업에 오지 않았나요?
B 아빠 엄마가 오셔서 어제 함께 놀러 갔어요.

(5) 走路 A 내일 걸어서 갈 건가요 아니면 자전거를 타고 갈 건가요?
B 걸어서 갈 거예요.

跑步 pǎobù 图 달리다 · 骑 qí 图 (자전거, 말 등에) 타다 · 自行车 zìxíngchē 圆 자전거 · 学校 xuéxiào 圆 학교 · 对 duì 께 ~에 대해 · 兴趣 xìngqù 圆 흥미 · 昨天 zuótiān 圆 어제 · 怎么 zěnme 떼 어째서, 왜, 어떻게 · 明天 míngtiān 圆 내일 · 走路 zǒulù 图 걷다 · 还是 háishi 젭 아니면

실전 읽기·쓰기 연습 II

1.

(1) C 시간 나면 또 오세요.

(2) E 나는 태극권에 흥미가 없습니다.

(3) A 그가 어떻게 내 이름을 알죠? 나는 그를 몰라요.

(4) D 내일 나는 친구랑 같이 등산하러 가는데, 아침 여덟 시에 출발합니다.

(5) B 우리는 이 음식점의 음식에 매우 만족합니다.

时间 shíjiān 명 시간 · **知道** zhīdao 동 알다 · **出发** chūfā 동 출발하다 · **饭馆** fànguǎn 명 음식점, 식당 · **满意** mǎnyì 형 만족하다

2.

(1) 어제 저녁에 안 계시던데요?
D 친구네 집에 갔었어요.

(2) 다음 주 토요일에 무슨 일 있어요?
E 벌써 등록했어요. 다음 주 토요일부터 오후에 서예 배우러 가요.

(3) 당신들의 학교는 어디에 있나요?
A 우리 학교는 남산에서 안 멀어요. 걸어가도 돼요.

(4) 여기에 차도 있고 커피도 있는데 뭐 드실래요?
B 다 괜찮아요. 전 다 좋아해요.

(5) 보세요, 이 집 어때요?
C 좋네요. 집세도 비싸지 않고, 아주 만족합니다.

在 zài 동 존재하다, 있다 · **已经** yǐjīng 부 이미, 벌써 · **报名** bàomíng 동 등록하다, 신청하다 · **书法** shūfǎ 명 서예 · **离** lí 개 ~에서, ~로부터 · **远** yuǎn 형 (거리 또는 시간상) 멀다 · **套** tào 양 벌, 세트, 조[집을 셀 때 쓰임] · **房子** fángzi 명 집 · **不错** búcuò 형 좋다, 괜찮다 · **房租** fángzū 명 집세 · **贵** guì 형 비싸다

3. 有汉语课, 星期四, 感兴趣, 有时候, 一起

나는 이번 학기에 무척 바쁩니다. 매일 오전 여덟 시부터 열 한 시 반까지 중국어 수업이 있어요. 월요일부터 목요일은 오후 두 시부터 세 시 반까지 취미 수업을 들을 거예요. 나는 취미가 많습니다. 태극권, 서예, 중국화, 중국 영화 모두에 흥미를 느껴요. 월요일에는 태극권, 화요일에는 서예, 수요일에는 중국화, 목요일에는 중국 영화를 선택했습니다. 금요일 오후에는 때로는 중국 친구와 함께 차를 마시며 이야기를 나누고, 때로는 룸메이트와 함께 방을 정리합니다.

学期 xuéqī 명 학기 · **爱好** àihào 명 취미 · **选** xuǎn 동 고르다, 선택하다

4.

내 친구가 이사했는데, 그가 빌린 집은 훌륭해요. 집이 그렇게 크지 않고, 집세도 비싸지 않습니다. 학교에서 멀지 않아 학교에 걸어 오기도 하고 조깅하면서 오기도 합니다.

그의 집 근처에는 슈퍼마켓, 은행, 식당, 찻집이 있어서 아주 편리한 것 같아요. 근처에는 또 작은 공원이 있는데, 공

원에 나무가 많아서 공기가 매우 신선합니다. 아침에 많은 사람들이 거기서 태극권을 하는데, 나도 배우고 싶습니다.

(2)　　　我的家搬家了，我租的房子非常好，房子不太大，房租也不贵。房子离公司不远，我有时候坐公共汽车去公司，有时候走路上班。
　　　我家后边有超市，有公园，还有很多饭馆、咖啡店，我觉得很方便。我家旁边还有个电子商场，商场里有很多种电子产品，周末去那儿买电脑的人很多，下个星期我也想去那儿买一台电脑。

나는 이사를 했는데, 내가 빌린 집은 굉장히 좋습니다. 집이 그렇게 크지 않고, 집세도 비싸지 않아요. 회사에서 멀지 않아 때로는 버스를 타고, 때로는 걸어서 출근합니다.
우리 집 뒤쪽에는 슈퍼마켓과 공원이 있고, 많은 식당과 커피숍이 있어서 아주 편리하다고 생각합니다. 우리 집 옆에는 또 전자 상가가 있는데, 상가 안에 많은 종류의 전자 제품이 있어서 주말에 거기에 가 컴퓨터를 사는 사람이 많습니다. 다음 주에는 나도 거기에 가서 컴퓨터 한 대를 살 거예요.

搬家 bānjiā 동 이사하다 · **租** zū 동 세내다 · **旁边** pángbiān 명 옆(쪽), 부근 · **茶馆** cháguǎn 명 찻집 · **觉得** juéde 동 느끼다, 생각하다 · **方便** fāngbiàn 형 편리하다 · **空气** kōngqì 명 공기 · **新鲜** xīnxiān 형 신선하다 · **后边** hòubian 명 뒤(쪽) · **咖啡店** kāfēidiàn 명 커피숍 · **商场** shāngchǎng 명 상가, 시장 · **产品** chǎnpǐn 명 제품 · **台** tái 양 대[기계 등을 셀 때 쓰임]

08

읽기 훈련

 산둥 사람, 산시 사람, 허난 사람, 허베이 사람. 그들은 모두 북방 사람입니다.
광둥 사람, 광시 사람, 후난 사람, 후베이 사람. 그들은 모두 남방 사람입니다.
남방 사람, 북방 사람. 그들은 모두 중국인입니다.

❷ 중국인, 일본인, 한국인, 태국인. 그들은 모두 아시아인입니다.
영국인, 프랑스인, 독일인, 러시아인. 그들은 모두 유럽인입니다.
브라질인, 칠레인, 미국인, 캐나다인. 그들은 모두 아메리카인입니다.
남아메리카인, 북아메리카인, 아시아인, 유럽인. 모두 다 지구인입니다.

실전 읽기·쓰기 연습 Ⅰ

1.

(1) 现在没有人。
☑ 지금은 사람이 없습니다. ☐ 아직 출근하지 않았습니다.

(2) 现在有人工作。
☐ 지금은 쉬는 시간입니다. ☑ 지금 일하는 사람이 있습니다.

(3) 冬天
☑ 겨울 ☐ 감기에 걸렸다

(4) 我开车陪朋友玩儿。
☑ 나는 차를 운전해 친구와 함께 놉니다. ☐ 그는 회사에서 일하는 걸 좋아하지 않습니다.

冬天 dōngtiān 명 겨울 · 感冒 gǎnmào 동 감기에 걸리다 · 开车 kāichē 동 차를 몰다, 운전하다 · 陪 péi 동 동반하다, 수행하다

2.

(1) 水果 과일

(2) 医院 그녀는 병원에서 일합니다.

(3) 厚 이 옷은 정말 두툼하네요!

(4) 放假 A 당신은 방학 때 여기서 아르바이트합니까?
B 아니요. 방학하자마자 집에 갈 거예요.

(5) 觉得 A 북방의 겨울은 어쩜 이렇게 추울까요!
B 저도 무척 춥다고 생각해요.

水果 shuǐguǒ 몡 과일 • **医院** yīyuàn 몡 병원 • **件** jiàn 양 벌[옷을 셀 때 쓰임] • **衣服** yīfu 몡 옷 • **厚** hòu 혱 두껍다, 두텁다 • **假期** jiàqī 몡 휴가 기간[때] • **打工** dǎgōng 동 아르바이트하다, 일하다 • **一……就……** yī……jiù…… ~하자마자 ~하다 • **放假** fàngjià 동 방학하다, 휴가로 쉬다 • **回家** huíjiā 동 집으로 돌아가다 • **这么** zhème 대 이렇게, 이러한 • **冷** lěng 혱 춥다 • **啊** a 조 [문장 끝에 쓰여 감탄, 의문, 긍정 등을 나타냄] • **觉得** juéde 동 느끼다, 생각하다 • **特别** tèbié 부 특별히, 아주

실전 읽기·쓰기 연습 II

1.

(1) E 그녀는 돈이 생기기만 하면 새 옷을 삽니다.

(2) D 나는 이번 주에 너무 바빠서 과일 살 틈도 없습니다.

(3) B 나는 서점에 가서 책을 많이 사 왔습니다.

(4) C 이 차는 너무 작아서 우리한테는 안 맞아요.

(5) A 휴가 때 나도 여행갈 거예요.

新 xīn 혱 새롭다 • **星期** xīngqī 몡 주, 주일 • **没空儿** méi kòngr 짬[틈]이 없다, 여유가 없다 • **趟** tàng 양 차례, 번[왕래 횟수를 셀 때 쓰임] • **辆** liàng 양 대[차량을 셀 때 쓰임] • **合适** héshì 혱 적당하다, 알맞다 • **旅游** lǚyóu 동 여행하다

2.

(1) 제가 당신 펜을 좀 써도 될까요?
  E 문제 없어요.

(2) 그 상점의 물건은 유난히 비싸요.
  B 저도 비싸다고 생각해요.

(3) 마따밍이 왜 안 왔죠?
  A 그는 병이 났어요.

(4) 당신은 뭘 좀 마시고 싶나요?
  C 차나 커피 다 괜찮아요.

(5) 제가 도와 드릴게요. 어떻게 가는지 알아요.
  D 당신 정말 대단해요. 감사합니다!

笔 bǐ 몡 펜, 필기 도구 • 可以 kěyǐ 조동 ~해도 된다, ~할 수 있다 • 东西 dōngxi 몡 물건 • 或者 huòzhě 접 ~이거나, 또는 • 行 xíng 동 (~해도) 좋다, 된다 혱 유능하다, 대단하다 • 帮 bāng 동 돕다 • 感谢 gǎnxiè 동 감사하다

3. 穿, 这么冷, 不太厚, 学汉语, 很不一样

북방의 겨울은 유난히 춥습니다. 겨울이 되면 모두들 다운재킷을 입거나 아주 두툼한 옷을 입습니다. 감기에 걸리는 사람도 굉장히 많고, 병원에 진찰 받으러 가는 사람도 많죠. 나는 이렇게 추운 겨울을 싫어합니다.

남방의 겨울은 그리 춥지 않아서 많은 사람들이 스웨터를 입습니다. 남방에서 입는 다운재킷은 그리 두툼하지 않습니다. 병이 나는 사람도 별로 없고, 병원에 사람도 많지 않아요. 나는 남방의 겨울을 좋아합니다.

방학이 되면 남방으로 여행가고 싶습니다. 친한 친구 하나가 남방의 도시에서 중국어를 배우고 있는데, 나와 놀 수 있다고 해요. 그는 내게 중국의 남방과 북방이 아주 다르다고 했습니다. 내가 "어떻게 다르냐?"라고 물었더니 내가 그곳으로 오면 알게 될 거라고 했죠.

到 dào 동 도달하다, (~에) 이르다 • 羽绒服 yǔróngfú 몡 다운재킷(down jacket), 오리털 재킷 • 看病 kànbìng 동 (환자가) 진찰을 받다, (의사가) 진찰하다 • 毛衣 máoyī 몡 스웨터 • 生病 shēngbìng 동 병이 나다 • 城市 chéngshì 몡 도시 • 告诉 gàosu 동 말하다, 알리다 • 一样 yíyàng 혱 같다

4.

나는 대학 다닐 때, 방학마다 아르바이트를 해야 했습니다. 식당에서 일하기도 하고, 서점에서 일하기도 하고, 또 과일 가게에서 일하기도 했어요. 아르바이트를 할 때 내 친구 마따밍을 알게 되었습니다. 그는 중국인이고, 독일에서 공부했습니다. 중국어는 아주 잘하는데, 독일어는 별로였어요. 나는 독일어는 아주 잘하지만, 중국어는 별로였지요. 우리는 서로 도왔습니다. 그는 나의 중국어 공부를, 나는 그의 독일어 공부를 도왔어요.

(2)
　　我上大学的时候，每个假期都要打工。有时候在便利店打工，有时候在贸易公司打工，还有时候在咖啡店打工。我打工的时候，认识了我的女朋友金小美。她也是大学生，她在北京大学学习。她的英语很好，她不会说汉语；我的汉语特别好，我的英语很不好。我们互相帮助，她辅导我学习英语，我辅导她学习汉语。

나는 대학 다닐 때, 방학마다 아르바이트를 해야 했습니다. 편의점에서 일하기도 하고, 무역 회사에서 일하기도 하고, 또 커피숍에서 일하기도 했어요. 아르바이트를 할 때 내 여자 친구 김소미를 알게 되었습니다. 그녀 역시 대학생인데, 베이징 대학에서 공부했습니다. 영어는 아주 잘하는데, 중국어는 하지 못했어요. 나는 중국어는 아주 잘하지만, 영어는 아주 못했지요. 우리는 서로 도왔습니다. 그녀는 나의 영어 공부를, 나는 그녀의 중국어 공부를 도왔어요.

大学 dàxué 몡 대학 • 餐厅 cāntīng 몡 식당 • 互相 hùxiāng 부 서로 • 帮助 bāngzhù 동 돕다 • 辅导 fǔdǎo 동 (학습을) 도우며 지도하다 • 便利店 biànlìdiàn 몡 편의점 • 贸易公司 màoyì gōngsī 몡 무역 회사

09

읽기 훈련

1 나는 바빠요. 나는 피곤해요. 나는 바쁘고 피곤해요.
그는 바쁘지 않아요. 그는 피곤하지 않아요. 그는 바쁘지도 않고 피곤하지도 않아요.

2 당신은 어디에 갑니까? 교실에 갑니다. 나는 중국어를 배우고, 한자를 씁니다.
그는 어디에 갑니까? 상점에 갑니다. 그는 컴퓨터를 사고, 메일을 보냅니다.

3 얼마입니까? 1.5위앤입니다.
이건 얼마입니까? 이건 3.5위앤입니다.
하나에 얼마입니까? 하나에 5.5위앤입니다.
컴퓨터 한 대, 책 두 권, 수박 세 통, 과일 네 근, 콜라 다섯 병, 차 여섯 잔…….

실전 읽기·쓰기 연습 I

1.

(1) 这儿是银行。
   ☐ 여기는 우체국입니다.   ☑ 여기는 은행입니다.

(2) 火警
   ☑ 화재 신고   ☐ 범죄 신고

(3) 可乐
   ☑ 콜라   ☐ 맥주

(4) 这是我家的照片。
☑ 이것은 우리 가족 사진입니다.   ☐ 당신은 결혼식에 참석했나요?

火警 huǒjǐng 명 화재 신고 · 匪警 fěijǐng 명 범죄 신고 · 照片 zhàopiàn 명 사진 · 参加 cānjiā 동 참가하다, 참석하다 · 婚礼 hūnlǐ 명 결혼식

2.

(1) 一束花 꽃 한 다발

(2) 喜欢 나는 포도주 마시는 것을 좋아합니다.

(3) 容易 만두 빚는 것은 배우기 쉽지 않아요.

(4) 热闹 A 이렇게 사람이 많다니. 정말 시끌벅적하네요!
        B 우리랑 같이 이야기 나눠요.

(5) 进步 A 당신의 중국어 실력이 정말 빠르게 늘었네요!
        B 저도 저의 말하기와 듣기가 많이 좋아진 것 같아요.

束 shù 양 묶음, 다발 · 花 huā 명 꽃 · 葡萄酒 pútáojiǔ 명 포도주 · 包 bāo 동 싸다, (만두를) 빚다 · 饺子 jiǎozi 명 (만두소가 든 반달 모양의) 만두 · 容易 róngyì 형 (~하기) 쉽다 · 热闹 rènao 형 시끌벅적하다, 번화하다 · 进步 jìnbù 명 진보 · 快 kuài 형 빠르다 · 口语 kǒuyǔ 명 구어, 말하기 · 听力 tīnglì 명 듣기 능력

실전 읽기·쓰기 연습 II

1.

(1) B 이것은 정말 특별한 선물이네요!

(2) C 일곱 시에 영화가 시작되었는데, 당신은 왜 이제서야 왔습니까?

(3) D 중국어의 성조는 매우 중요합니다.

(4) A 역시 수박이 맛있죠.

(5) E 이것은 그들의 결혼 사진입니다.

份 fèn 양 별, 세트, 개[선물 등을 셀 때 쓰임] · 特殊 tèshū 형 특수하다, 특별하다 · 礼物 lǐwù 명 선물 · 才 cái 부 ~에야 (비로소) · 声调 shēngdiào 명 성조 · 重要 zhòngyào 형 중요하다 · 还是 háishi 부 그래도, 역시 · 好吃 hǎochī 형 맛있다 · 结婚 jiéhūn 동 결혼하다

2.

(1) 이렇게 아름다운 선물을 저에게 주시는 건가요?
  C 당연하죠.

(2) 제 자전거가 왜 없어진 거죠?
  D 조급해하지 말아요. 제가 같이 찾아 볼게요.

(3) 요즘 어떠세요?
  E 좋아요.

(4) 이 사진 정말 재미있네요!
  B 저도 그렇게 생각해요.

(5) 만두가 정말 맛있어요!
  A 제가 빚는 법을 가르쳐 드릴게요.

给 gěi 통 주다 • 当然 dāngrán 형 당연하다 • 别 bié 부 ~하지 마라 • 着急 zháojí 통 초조하다, 조급해하다 • 最近 zuìjìn 명 최근, 요즘 • 有意思 yǒu yìsi 재미있다 • 教 jiāo 통 가르치다

3.

(1) 口, 辆, 门
  당신은 가족이 몇 명입니까? 당신은 차가 몇 대 있습니까? 이번 학기에 당신은 수업이 몇 개입니까?

(2) 个, 本, 部, 支
  나는 전자 사전 한 개, 책 두 권, 휴대전화 한 개, 그리고 펜이 다섯 자루 있습니다.

(3) 种, 件, 份
  나는 과일 세 종류를 샀고, 옷 두 벌을 샀고, 친구에게 선물 한 개를 주려고 합니다.

口 kǒu 양 식구[사람을 셀 때 쓰임] • 门 mén 양 과목, 가지[학문, 기술 등을 셀 때 쓰임] • 部 bù 양 대[기계 등을 셀 때 쓰임] • 支 zhī 양 자루, 개피[막대 모양의 물건을 셀 때 쓰임] • 种 zhǒng 양 종류, 가지

4.

　나는 지금 중국에서 중국어를 공부합니다. 우리 학교는 베이징에 있고, 우리 반에는 열 다섯 명의 학우들이 있습니다. 우리 선생님은 중국인입니다. 우리 반에는 모두 세 분의 선생님이 계시는데, 남자 선생님 한 분, 여자 선생님 두 분입니다. 우리는 모두 네 과목을 듣는데, 나는 듣기와 말하기 수업을 제일 좋아합니다. 선생님은 중국어를 배울 때 가장 중요한 것이 발음과 성조이며, 한자 쓰기도 중요하다고 말씀하십니다. 나는 한자 쓰는 것이 아주 재미있다고 느끼고, 좋아합니다. 한자 쓰기는 어렵지 않은 것 같아요. 나는 나의 중국어 실력 향상이 매우 빠르다고 생각합니다.

우리 학교는 큽니다. 학교 안에 은행, 상점, 도서관이 있고, 학교 병원도 있어서 무척 편리합니다.

(2)
现在我在韩国学习汉语，我们学校在首尔，我们班有40个同学，我们有韩国老师，还有中国老师。我们班有一共有四位老师，两位男老师，两位女老师。我们一共有六门课，我最喜欢听力课和阅读课。老师说，学汉语最重要的是发音和声调，了解中国文化也很重要。我觉得中国文化很有意思，我喜欢中国文化，我觉得中国电影很有意思。我觉得我的汉语进步有点儿慢。
我们学校不太大，学校里有银行，有超市，有咖啡厅，还有图书馆，比较方便。

나는 지금 한국에서 중국어를 공부합니다. 우리 학교는 서울에 있고, 우리 반에는 마흔 명의 학우들이 있습니다. 우리에게는 한국인 선생님도 있고, 중국인 선생님도 있습니다. 우리 반에는 모두 네 분의 선생님이 계시는데, 남자 선생님 두 분, 여자 선생님 두 분입니다. 우리는 모두 여섯 과목을 듣는데, 나는 듣기와 읽기 수업을 제일 좋아합니다. 선생님은 중국어를 배울 때 가장 중요한 것이 발음과 성조이며, 중국 문화를 이해하는 것도 중요하다고 말씀하십니다. 나는 중국 문화가 아주 재미있다고 느끼고, 좋아합니다. 중국 영화는 아주 재미있는 것 같아요. 나는 나의 중국어 실력 향상이 약간 느리다고 생각합니다.
우리 학교는 그다지 크지 않습니다. 학교 안에 은행, 슈퍼마켓, 커피숍이 있고, 도서관도 있어서 편리한 편입니다.

一共 yígòng 🖫 모두, 전부 • 位 wèi 양 분[공경의 의미를 담아 사람을 셀 때 쓰임] • 发音 fāyīn 명 발음 • 难 nán 형 어렵다 • 首尔 Shǒu'ěr 고유 서울 • 阅读 yuèdú 동 읽다 • 了解 liǎojiě 동 이해하다 • 文化 wénhuà 명 문화 • 有点儿 yǒudiǎnr 🖫 조금, 약간 • 慢 màn 형 느리다 • 咖啡厅 kāfēitīng 명 커피숍

읽기 훈련

❶ 당신은 중국어 사전이 있습니까? 저는 중국어 사전이 없습니다.
당신은 중국어 자전이 몇 권 있습니까? 저는 중국어 자전이 두 권 있습니다.

❷ 질문[문제] 있습니까? 질문[문제] 없습니다.

당신은 질문이[문제가] 있습니까? 저는 질문이[문제가] 없습니다.

❸ 어때요? 뭐가 어떻다는 거죠?

일은 어떤가요? 일은 그저 그래요.

당신은 바쁜가요? 저는 그리 바쁘지 않아요.

저는 바쁘고, 피곤해요. 저는 바쁘고 피곤하고 즐거워요.

실전 읽기·쓰기 연습 I

1.

(1) 急救车
   ☐ 자동차   ☑ 구급차

(2) 不能喝的水
   ☐ 마실 수 있는 물   ☑ 마실 수 없는 물

(3) 我喜欢吃中餐。
   ☐ 나는 음식 먹는 걸 좋아하지 않습니다.   ☑ 나는 중국 음식 먹는 걸 좋아합니다.

(4) 这本书我又看了一遍。
   ☑ 나는 이 책을 또 한 번 읽었습니다.   ☐ 너무 비싸서 못 사겠네요.

又 yòu 튀 또, 다시, 거듭 • 遍 biàn 양 번, 회[동작의 횟수를 셀 때 쓰임] • 只好 zhǐhǎo 튀 부득이, 할 수 없이

2.

(1) 空调 에어컨

(2) 给我 시간 있으면 저에게 전화하세요.

(3) 要 나는 계좌를 개설하려고 합니다.

(4) 过 A 중국화를 배운 적이 있나요?

　　　　　B 배운 지 반 년 됐어요.

(5) 没修好　A 아직 저에게 메일을 보내지 않았나요?
　　　　　B 제 컴퓨터가 고장 났는데, 아직까지 못 고쳐서 아직 못 보냈습니다.

空调 kōngtiáo 명 에어컨 · **给** gěi 개 ~에게 · **打电话** dǎ diànhuà 전화를 걸다 · **开** kāi 동 개설하다 · **账户** zhànghù 명 계좌 · **年** nián 양 해, 년 · **坏** huài 동 상하다, 고장 나다 · **还** hái 부 아직, 여전히 · **修** xiū 동 수리하다

실전 읽기·쓰기 연습 Ⅱ

1.

(1) E 나는 최소한 카드 다섯 장은 있어야 합니다.

(2) D 당신은 어제 왜 줄곧 집에 없었나요?

(3) B 나는 모자 쓰는 걸 잊었습니다.

(4) C 당신에게 책 한 권을 드립니다.

(5) A 당신은 어머니께 어떤 크리스마스 선물을 준비했나요?

最少 zuìshǎo 부 최소한, 적어도 · **得** děi 조동 ~해야 한다 · **张** zhāng 양 장[종이, 카드 등을 셀 때 쓰임] · **昨天** zuótiān 명 어제 · **一直** yìzhí 부 줄곧, 내내 · **忘** wàng 동 잊다 · **帽子** màozi 명 모자 · **圣诞节** Shèngdànjié 고유 크리스마스

2.

(1) 당신 방은 왜 이렇게 춥나요?
　　D 난방 장치가 고장 난 지 일주일인데, 아직 고치지 못했어요.

(2) 아무래도 카드를 쓰는 게 편리하죠.
　　E 저는 그렇게 생각하지 않아요. 제 카드는 쓰기가 불편하거든요.

(3) 저는 이 인터넷 사이트가 아주 좋아요. 저는 여기서 쇼핑하는 걸 좋아합니다.
　　A 어떤 사이트죠? 저에게도 알려 주세요. 저도 한번 해 보게요.

(4) 여러분, 줄을 잘 서 주세요.
　　C 맞아요. 줄을 서는 게 좋죠.

(5) 왜 아직 돈을 내지 않죠?
　　B 아, 깜박했어요.

暖气 nuǎnqi 명 난방 장치 · **认为** rènwéi 동 여기다, 생각하다 · **不好……** bù hǎo…… ~하기 어렵다 · **网站** wǎngzhàn 명 (인터넷) 웹 사이트 · **试** shì 동 시험 삼아 해 보다 · **请** qǐng 동 ~하세요 · **排队** páiduì 동 정렬하다, 줄을 서다 · **对** duì 형 옳다, 맞다 · **为什么** wèishénme 대 왜, 어째서 · **交** jiāo 동 내다, 제출하다 · **呀** ya 조 [문장 끝에 쓰여 감탄, 의문, 긍정 등을 나타냄] yā 감 애[놀람을 나타냄]

3.

(1) 제가 지금 좀 중요한 일이 있어서요. 잠시 후에 (일이) 끝나면 당신 있는 곳으로 갈게요.
　　★ 화자는 벌써 그 사람에게 갔다. (✗)

(2) 그 책은 제가 일 년을 갖고 있었어요. 다 보고 돌려주는 걸 잊었네요. 정말 미안합니다! 내일 가져다 드릴게요.
　　★ 화자는 내일 책을 돌려주려고 한다. (✓)

(3) 장이란 씨, 이것은 제가 당신께 드리는 꽃입니다. 당신 생일날 드리고 싶었는데, 모레 제가 일이 있어 어쩔 수 없이 오늘 드립니다.
　　★ 오늘은 장이란의 생일이다. (✗)

(4) 그가 매일 아침 일어나서 제일 먼저 하는 일은 바로 뉴스를 보는 것입니다.
　　★ 그는 아침에 뉴스를 보지 않는다. (✗)

(5) 저는 그 영화를 굉장히 좋아합니다. 당신들과 보고 난 후, 저 혼자 세 번을 더 봤어요.
　　★ 화자는 그 영화를 모두 네 번 봤다. (✓)

一会儿 yíhuìr 수량 곧, 짧은 시간 내 · **完** wán 동 끝나다 · **还** huán 동 돌려주다 · **带** dài 동 지니다, 휴대하다 · **后天** hòutiān 명 모레 · **起床** qǐchuáng 동 일어나다, 기상하다 · **以后** yǐhòu 명 이후 · **件** jiàn 양 건[사건, 일 등을 셀 때 쓰임] · **新闻** xīnwén 명 뉴스

4.

지난번 내가 마따밍을 만난 게 2년 전입니다. 나는 마따밍이 있는 곳에서 책 한 권을 봤는데, 책 내용은 중국에서의 여행 방법이었습니다. 나는 그 책을 다 읽고 나서 중국에 흥미가 생겼고, 그 후 중국어를 공부하기 시작했습니다. 올해 9월, 나는 중국에 왔고, 흥미를 느끼게 된 것들이 더욱 많아졌습니다. 지금 나는 중국어를 배우고, 태극권을 배우고, 중국화를 배웁니다. 그리고 많은 중국 친구들도 생겼어요. 나는 종종 친구들과 통화하고, 인터넷상에서 채팅하고, 함께 차를 마시고, 함께 놀러 갑니다. 내가 처리하기 힘든 일이 생기면 중국 친구가 분명 도와줄 것입니다. 나는 매일 즐겁습니다.

(2)
　　上次我看见金小美的时候是三年以前，我在金小美那儿看了一部电影，电影的内容是中国的武术。我看完那部电影，对中国有了兴趣，后来就去中国文化院开始学习太极拳。今年9月，我到了中国，我感兴趣的东西更多了。现在我学汉语，学中国武术，我还交了很多外国朋友。我常常和中国朋友见面聊天儿，给他们发电子邮件，一起去操场锻炼身体，一起去看电影。我有了学习上的困难，中国朋友一定会帮忙。我每天都很忙。

지난번 내가 김소미를 만난 게 3년 전입니다. 나는 김소미가 있는 곳에서 영화 한 편을 봤는데, 영화 내용은 중국 무술이었습니다. 나는 그 영화를 다 보고 나서 중국에 흥미가 생겼고, 그 후 중국 문화원에 가서 태극권을 배우기 시작했습니다. 올해 9월, 나는 중국에 왔고, 흥미를 느끼게 된 것들이 더욱 많아졌습니다. 지금 나는 중국어를 배우고, 중국 무술을 배우고, 많은 외국 친구들도 사귀었어요. 나는 종종 친구들과 만나 담소를 나누고, 그들에게 메일을 보내고, 함께 운동장에 가서 운동을 하고, 함께 영화를 보러 갑니다. 내가 공부하는 데에 어려움이 생기면 중국 친구가 분명 도와줄 것입니다. 나는 매일 바쁩니다.

上次 shàngcì 명 지난번 • **看见** kànjiàn 동 보다 • **以前** yǐqián 명 이전 • **内容** nèiróng 명 내용 • **后来** hòulái 명 그 후 • **今年** jīnnián 명 올해 • **更** gèng 부 더(욱) • **网** wǎng 명 인터넷 • **难办** nánbàn 형 처리하기 어렵다 • **事情** shìqing 명 일, 사건 • **一定** yídìng 부 반드시, 꼭 • **帮忙** bāngmáng 동 돕다 • **武术** wǔshù 명 무술 • **交** jiāo 동 사귀다 • **电子邮件** diànzǐ yóujiàn 명 이메일 • **操场** cāochǎng 명 운동장 • **锻炼** duànliàn 동 단련하다 • **身体** shēntǐ 명 몸 • **困难** kùnnan 명 어려움, 곤란

발전 한어 읽기·쓰기 초급 1

편저 李泉, 王淑红, 么书君
번역 주재진
펴낸이 정규도
펴낸곳 (주)다락원

초판 1쇄 발행 2014년 2월 12일
초판 2쇄 발행 2024년 10월 1일

기획·편집 고은지, 이상윤
디자인 박나래, 최영란
일러스트 박지호

다락원 경기도 파주시 문발로 211
전화 (02)736-2031 (내선 250~252 / 내선 430~437)
팩스 (02)732-2037
출판등록 1977년 9월 16일 제406-2008-000007호

Copyright ⓒ 2012, 北京语言大学出版社
한국 내 Copyright ⓒ 2014, (주)다락원

이 책의 한국 내 저작권은 北京语言大学出版社와의 독점 계약으로
(주)다락원이 소유합니다.

저자 및 출판사의 허락 없이 이 책의 일부 또는 전부를 무단 복제·
전재·발췌할 수 없습니다. 구입 후 철회는 회사 내규에 부합하는 경
우에 가능하므로 구입처에 문의하시기 바랍니다. 분실·파손 등에
따른 소비자 피해에 대해서는 공정거래위원회에서 고시한 소비자 분
쟁 해결 기준에 따라 보상 가능합니다. 잘못된 책은 바꿔 드립니다.

ISBN 978-89-277-2134-5 18720
      978-89-277-2112-3(set)

www.darakwon.co.kr
다락원 홈페이지를 방문하시면 상세한 출판 정보와 함께 동영상 강좌, MP3
자료 등 다양한 어학 정보를 얻으실 수 있습니다.